가만히 위로하는 마음으로

IVP(InterVarsity Press)는
캠퍼스와 세상 속의 하나님 나라 운동을 지향하는
IVF(InterVarsity Christian Fellowship)의 출판부로
생각하는 그리스도인을 위한 문서 운동을 실천합니다.

가만히
위로하는
마음으로

삶이 어렵다고 느끼는
당신에게

김영봉

IVP

차례

들어가는 글   7

1부 아픔과 함께 살기
1장 · 모두가 아프다   13
2장 · 살아야 할 이유   33

2부 용서하고 용서받기
3장 · 사랑이 길이다   53
4장 · 용서하기보다 어려운 것   71

3부 불공정한 조건에서 살기
5장 · 기울어진 운동장에서   93
6장 · 현실을 넘어 진실을   113

4부 고난을 믿음으로 품기
7장 · 하나님으로 충분하다   133
8장 · 약함을 자랑하는 이유   151

5부 죽음 앞에 믿음으로 서기
9장 · 죽음은 소중하다   173
10장 · 언제든 좋아!   187

나가는 글   205

일러두기

- 1-5부 도입 부분과 나가는 글에 실린 시는 저자의 자작시입니다.
- 이 책에 인용된 성경 본문은 새번역입니다.

들어가는 글

오늘 우리 시대 사람들이 모두 살기가 어렵다고들 합니다. 노인은 노인대로, 중년은 중년대로, 청년은 청년대로, 10대는 또 그들대로 어렵다고 말합니다. 심지어 마냥 행복해야 할 초등학생과 유치원생까지도 스트레스를 호소합니다. 교육 수준이 높은 사람들도 고통스럽다 하고, 교육 수준이 낮은 사람들은 더더욱 힘들다고 말합니다. 한편, 상대적으로 안정적인 상황에 있다고 할 만한 사람들조차 살기 어렵다고 말합니다. 어렵다고 느끼지 않는 사람이 아무도 없는 것 같습니다.

신앙인도 예외가 아닙니다. 강단에서 '죄와 구원' 주제가 '상처와 치유' 주제에 밀려난 지 오래지만, 요즘 들어 사람들은 더욱 그런 주제의 설교를 듣기 원합니다. 예배하기 위해 모이는 사람들 모두가 상처 난 심령을 가지고 오는 것 같습니다. 자신이 얼마나 아픈지 하나님이 알아주시기를 바랍니다. 설교자가 자신들의 상처를 알아주고 치유해 주기를 원합니다. 그런 주제를 다룬 책들도 점점 더 많아지고 있습니다.

이런 와중에 이 주제에 대해 또 하나의 책을 더합니다. 저는 이미 이 주제에 대해 몇 권의 책을 출간한 바 있습니다. 영화 <밀양>을 소재로 하여 상처와 치유 문제를 다룬 『숨어 계신 하나님』(IVP)과, 소설 『오두막』(The Shack, 세계사)을 소재로 한 『사랑하는 사람은 누구나 아프다』(IVP)가 그것입니다. 또한 수많은 교우들의 임종 과정을 거치면서 죽음의 얼굴을 깊이 들여다본 책, 『사람은 가도 사랑은 남는다』(IVP)도 있습니다. 이 책들은 저로 하여금 우리 시대 사람들의 상처에 대해 눈뜨고 목회자로서 그 문제를 붙들고 씨름하게 해 주었습니다. 그렇게 몇 년 동안 상처와 치유 문제에 몰입하던 저를 하나님이 꺼내 주신 덕분에 한동안은 하나님 나라를 붙들고 씨름했습니다.

이 책에 수록된 글들은 그 이후 저에게 주어진 묵상의 열매들이라 할 수 있습니다. 그렇기에 전작들과 연속선상에 있지만 묵상의 깊이와 넓이 면에서 다른 점도 있을 것입니다. 그 다른 점이란, 우리 시대 아픔의 문제를 좀더 넓은 시각에서 바라보고 좀더 깊은 근거에서 그 해법을 찾으려 노력했다는 점일 것입니다. 과거에도 상처와 치유 문제를 복음적 시각에서 보려고 노력했지만, 한동안 하나님 나라에 천착하였다가 이 문제들을 다시 본 것이기에 정서와 결에서 차이가 있을 것입니다. 부디

독자들도 그렇게 느낄 수 있기를 바랍니다.

이 책에서 저는 우리 시대 아픔의 문제를 크게 다섯 가지 주제로 나누어 살펴보고자 합니다. 1부에서는 우리 시대가 처한 아픔의 현실을 살펴볼 것이고, 2부에서는 아픔의 주요 원인인 관계 문제를 용서의 시각에서 살펴볼 것입니다. 3부에서는 아픔의 또 다른 원인인 사회적 상황을 다룰 것이고, 4부에서는 고난에 대한 태도를 생각해 볼 것입니다. 마지막 5부에서는 인간고의 최대 문제인 죽음의 문제를 다룰 것입니다.

이번에도 제 글의 완성도를 끌어올리기 위해 친절하고 세밀한 제안을 아끼지 않은 이혜영 간사와 이종연 간사에게 감사를 전합니다. 또한 저와 영적 여정을 함께 걷고 있는 와싱톤사귐의교회 교우들께도 감사를 전합니다. 이 책을 통해 누군가에게는 위로가, 누군가에게는 용기가, 누군가에게는 희망이 전해지기를 간절히 기도합니다.

2019년 여름
버지니아에서

1부

아픔과 함께 살기

"인간에게 있어서 상처 주는 것은
숨 쉬는 것과 같다."

조앤 K. 롤링

풍랑 앞에서

거센 풍랑을 맞선 그대,
맞서 싸우려 하지 마시게

풍랑은
때가 되면 지나가는 것
다만 지금은
몸을 웅크리고 견디시게

옆에 있는 사람을 부둥켜안고
서로의 체온으로 시린 몸을 데우고
흔들리는 마음을 위로하시게

울고 싶으면 우시게
분노와 절망과 두려움을
그분 앞에 토설하시게
무장을 해제하고 약해져서
누군가의 어깨에 기대시게

그래야만
풍랑이 잦아든 후에
다시 일어나
밝은 햇살을 받을 수 있으니

1장

○

모 두 가

아 프 다

아픈 죽음

저는 최근 두 번의 장례식에 참석했습니다. 하나는 교우 따님의 장례식이었고, 다른 하나는 저와 함께 사역하던 후배 목사님의 장례식이었습니다. 두 분 모두 요즘 기준으로는 너무나 일찍, 너무나 갑자기 그리고 너무나 아프게 떠나셨습니다. 두 분 모두 우울증의 심한 늪에서 스스로 목숨을 취했기 때문입니다.

장례식장에서 가족들은 통곡을 하기도 하셨고 혼이 나간 듯한 표정으로 자리를 지키기도 하셨습니다. 설교를 맡은 분들은 자신들이 하는 말에 아무런 힘이 없다는 사실을 아는 듯했습니다. 이르고 아픈 죽음을 어떤 말로 설명할 수 있겠으며, 가족들이 당한 슬픔을 어떤 말로 위로할 수 있겠습니까?

두 번의 장례식에 참석하면서 다시 한번 절감한 사실이 있습니다. 우리가 모두 아프다는 사실입니다. 어떤 사람은 아픈 것이 보이고 어떤 사람은 안 보일 뿐입니다. 누구는 더 아프고 누구는 덜 아플 뿐입니다.

이것은 언제나 그랬습니다. 하나님이 세워 놓으신 삶의 질서가 인간의 죄 때문에 깨어진 후로 인간은 누구나 크고 작은 아픔을 겪으며 살아가게 되었습니다. 아픔과 슬픔, 상실과 고통은 인생살이라는 꾸러미 안에 넣을 수도 있고 뺄 수도 있는 선택 사항이 아닙니다. 필수 요소입니다. 깨어진 세상에서 상처 난 인간들이 서로 부대끼며 살아가는 것이 인생이기에 그렇습니다.

새 하늘과 새 땅이 임하여 우리 모두가 변화되기 전까지 이 상황은 변하지 않을 것입니다. 아니, 시대가 흐를수록 상황은 더욱 심각해지고 있습니다. 전통적으로 인간의 생존을 위협하던 질병들은 하나씩 점령되어 가고 있는데, 마음의 질병은 더욱 심해지고 있습니다. 신경정신과 계통의 약물 판매량이 가파르게 치솟기 시작한 지 반세기가 훌쩍 넘었고 그 속도는 더욱 가팔라지고 있습니다. 최근 뉴스를 보니 서울대학교 학생의 절반이 우울증이라고 합니다.

여기에는 여러 이유가 있습니다. 가장 큰 이유는 개인주의화된 생활 패턴입니다. 과거에는 바깥에서 상처받고 집에 들어오면 그걸 그대로 품고 있을 수가 없었습니다. 대가족이 좁은 공간에 모여 살았기 때문에 누군가는 그 문제를 알아차리게 되어 있었고 또 누군가는 그 상처를 어루만져 주었습니다. 하지만 지금은 다 각기

홀로 살고 있습니다. 가족과 함께 산다 해도 각자 제 일에 바빠서 서로의 얼굴 표정을 읽을 여유가 없습니다. 그러다 보니 상처를 각자가 품어 안을 수밖에 없고, 품어 안은 상처는 속에서 곪아 가는 것입니다.

게다가, 오늘 우리가 누리는 기술 문명은 우리 마음의 질병을 더욱 심각하게 만듭니다. 스마트폰을 비롯한 현대 기술 문명의 발전은 인간으로 하여금 자신의 내면을 돌아보지 못하게끔 우리의 눈과 관심을 외부로만 돌리게 합니다. 지금 태어나는 아이들은 그냥 두면 죽는 순간까지 스마트폰의 작은 화면에 눈을 붙이고 살아갈 것입니다. 최근 한 통계에 따르면, 스마트폰으로 인해 ADHD(주의력 결핍 및 과잉 행동 장애)가 15퍼센트나 증가했다고 합니다. 내면을 돌아볼 여유 없이 외부의 것들에 붙들려 살게 만드는 것이 현대 문명입니다.

그뿐입니까? 오늘 우리 사회는 성공과 성취를 향해 질주하도록 우리를 몰아세웁니다. '조금만 더'라는 잡을 수 없는 목표를 향해 어릴 때부터 숨이 차도록 달리게 만듭니다. 많은 사람의 관심을 모았던 <스카이 캐슬>이라는 드라마는 그 단면을 보여 주었습니다. 이 드라마는 우리 사회의 지나친 경쟁 양상을 보여 줌으로써 사람들을 각성시키고 교육이라는 주제를 매개로 부모와 자녀의 관계에 대한 메시지를 주려 했는데, 실제로는 입시 경쟁을 더 부추기는 결과를 낳았다고들 합니다. 일부 부유층 사이에서만 알려져 있던 입시 코디라는 직업이 유망 직종으로 떠오른 것이 그 증거입니다.

우리 나라의 경우, 2018년 한 해 하루 평균 37.5명이 자살을 했다고 합니다. 다른 식으로 표현하면 40분마다 한 명이 자살로 생을 마감한다는 뜻입니다. 교통사고 사망자가 하루 평균 10.3명인 것을 감안하면 엄청난 수입니다. 문제는 10대 자살률이 전년과 대비하여 22.1퍼센트가 증가했다는 사실입니다. 10대가 거치게 되는 질풍노도가 여러 원인으로 더 거세지고 있다는 뜻이고, 그것을 감당해 낼만한 내적 능력이 점점 약해지고 있다는 뜻입니다.

이렇듯 마음의 질병은 죽음을 부를 만큼 심각한데다, 그만큼 마음의 건강을 위협하는 요소들도 다양합니다. 그래서 우울증을 '현대판 흑사병'이라고 부릅니다. 상황이 이렇기에 우리가 늘 기억해야 할 것이 있습니다. 누구나 아프다는 것입니다. 이 사실만 기억해도 사는 것이 훨씬 수월해집니다.

아파서 그런다

요즘 당신을 힘들게 하는 사람이 있습니까? 당신의 사랑의 한계를 거듭 시험하는 사람이 있습니까? 용기를 내어 대면하면 어김없이 얼음 같은 눈빛과 비수 같은 말로 상처를 후벼 파는 사람이 있습니까? 그런 사람을 대면하지 않고 살면 좋겠지만, 때로는 가정과 직장에서 혹은 교회에서 어쩔 수 없이 마주해야 하는 경우에는 매우 괴롭습니다. 그럴 경우, '저 사람도 아픈 사람이다'라고, 혹은 '얼마나 아프면 저럴까?' 하고 생각해 보시기 바랍니다.

진실이 그렇습니다. 상처가 많은 사람일수록 다른 사람에게 상처 주는 말과 행동을 더 많이, 더 쉽게, 더 자주 하게 되어 있습니다. 영성 작가 리처드 로어(Richard Rohr)는 상처와 아픔에 대해 "상처는 전환되지 않으면 전이된다"고 말합니다. 누군가가 치유되지 않은 상처 때문에 아픈 말과 행동을 할 때 그것을 나를 향한 공격이라고 받아들이면 그 사람의 상처가 나에게 전이됩니다. 그러면 나도 그 사람과 동일한 행동을 하게 됩니다. 하지만 그것이 그의 상처 때문이라고 생각하면 그 상처가 나에게 전이되지 않습니다. 그리고 감당하기가 훨씬 쉬워집니다.

치유되지 않은 상처를 차가운 눈빛과 거친 말로 드러내는 사람도 있지만, 반대로 상처를 감추고 살아가는 사람도 많습니다. 내면에서는 상처가 곪아서 푹푹 썩어 가는데 겉으로는 너무도 괜찮은 사람으로 위장하는 것입니다. 항상 웃는 사람, 누구에게나 잘하는 사람, 어떤 일에도 분노하지 않는 사람이 그런 사람일 수 있습니다. 상처를 드러내는 사람들은 다른 사람들에게 고통을 주지만, 상처를 감추고 사는 사람들은 자기 자신에게 고통을 줍니다.

어떤 것이 더 좋을까요? 치유되지 않은 상처에서 나오는 말과 행동으로 곁에 있는 사람들을 힘들게 하는 것이 나을까요? 아니면 치유되지 않은 상처를 품에 안고 스스로를 질식시키며 사는 것이 나을까요? 둘 다 안 좋습니다. 둘 다 결국은 자신과 사랑하는 사람들 모두를 불행하게 만들기 때문입니다.

브레넌 매닝(Brennan Manning)은 개신교와 가톨릭을 아우르는 인기 있는 영성 작가입니다. 그는 무능한 아버지와 유능한 어머니 사이에서 둘째로 태어났습니다. 어머니는 아주 냉정한 분으로, 무능한 남편을 대신하여 자녀들을 엄하게 키웠습니다. 그래서 브레넌은 어머니에게 따뜻한 사랑을 받아 본 기억이 없습니다.

여덟 살이 되었을 때 브레넌은 어머니와의 관계에서 결정적인 전환의 사건을 경험합니다. 어머니의 지속적 냉담함에 대해 대놓고 불평했다가 심하게 두들겨 맞은 것입니다. 할머니가 개입하지 않았더라면 어찌 되었을지 모를 정도로 심했다고 하지요. 그것이 트라우마가 되었습니다. 그때 이후로 브레넌은 어머니에게 인정받기 위해 '착한 아이가 되겠다'고 작심합니다. 그것을 브레넌은 '거래했다'고 말합니다. 브레넌은 그때의 마음에 대해 『모든 것이 은혜다』(*All is Grace*, 복있는사람)라는 책에서 이렇게 회고합니다.

> '착한 아이'가 되겠다고 나 자신과 한 거래 때문에 나는 성인기의 대부분을 자기 목소리도 내지 못하고, 경이로움도 느끼지도 못하며, 자기 존중감도 없이 지내는 대가를 치러야 했다.…슬플 때는 기쁜 척했고, 실망했을 때는 흥분한 척했고, 심지어 속으로는 정말로 화가 났는데도 상냥한 척했다. 내 모습과 목소리는 그대로였지만, 나는 내가 아니었다. 나는 가짜였다. 나는 나 자신의 사기꾼으로 살았다. 그러나 사기꾼으로 살면 해롭기만 할 뿐이다. (61쪽)

혹시 당신의 자녀가 자꾸 말썽을 부리고 자주 심사를 뒤집어 놓는다면 다행으로 여기시기 바랍니다. 그 자녀는 자기가 아프다는 사실을 알리고 있는 것입니다. 반대로 당신의 자녀가 늘 착하고 늘 말을 잘 듣고 늘 고분고분하다면 그의 내면을 잘 들여다보시기 바랍니다. 혹시 그 아이도 브레넌처럼 '착한 아이'가 되겠다고 그 자신과 거래를 했는지 모릅니다.

당신의 아내가, 남편이 혹은 여러분과 함께 일하는 사람이 그런 사람이라면 '저 사람은 원래 그래!'라고 생각하지 마시기 바랍니다. 언젠가 흉한 모습으로 드러낼 상처를 품고 연극하고 있는지 모릅니다. 때로 연극을 너무도 잘하는 사람들이 있습니다. 가까이서 수십 년을 산 사람도 눈치채지 못하도록 자신의 상처를 철저히 숨기고 사는 사람들이 있습니다. 그러다가 어느 날 말도 없이 곁을 떠나갑니다.

사정이 이러하다면 다른 방법이 없습니다. 그냥 모두가 아픈 사람늘이라고 생각하고 대해야 합니다. 누구를 만나든 진실로 그 사람에 대해 관심과 애정이 있다면 그 사람의 내면을 보려고 노력해야 합니다. 그것이 우울증이 현대판 흑사병이 된 이 시대를 살아가는 한 가지 지혜입니다.

나도 그렇다

한 걸음 더 나아가 우리는 '나도 아프다'는 사실을 인정해야 합니다. 예수님도 다른 사람 눈에 있는 티를 보기 전에 자신의 눈에 있는 들보를 보라고 하셨습니다(마 7:3-5). 내 눈에 있는 들보를 빼내야만 다른 사람의 눈에 있는 티를 꺼내 줄 수 있다고 하셨습니다. 이것은 상처의 문제에도 그대로 적용되는 말씀입니다.

    우리 중에 누구도 "나는 아프지 않다"고 말할 사람은 없습니다. 정도에 있어서 심한 사람이 있고 조금 가벼운 사람은 있지만, 상처 없는 사람은 없습니다. 그렇기에 가장 먼저 자신의 내면을 들여다보고 자신의 상처를 대면할 수 있어야 합니다. 그래야만 다른 사람에게서 받는 상처에 대처할 수 있고, 상처 입은 사람들을 도와줄 수 있습니다. 내 안에 있는 상처가 치유되지 않으면 나의 상처를 다른 사람에게 전이시키게 될 것입니다. 가족의 경우, 상처를 대물림하게 되는 것입니다.

    상처가 깊을수록 그것을 대면하기가 두려워집니다. 상처가 만들어 내는 아픈 말과 행동을 자신도 받아들일 수 없습니다. 정말 그러고 싶지 않지만, 거듭 그렇게 말하고 행동하여 사랑하는 사람들을 아프게 하고 주변으로부터 고립되는 자신을 보고 좌절합니다. 그 문제를 해결하려면 자신의 내면에 있는 괴물을 대면하고 해결해야 한다는 것을 압니다. 그러나 그런 괴물이 자신 안에 있다는 사실을 인정하고 싶지 않고, 그 괴물과 싸워 이길 자신도 없습니다. 그래서 때로는 중독으로, 때로는 폭언으로, 때로는 폭행으로 도피합니다. 그리고 때로는 해서는 안 될 불행한 선택을 합니다.

    산다는 것은 상처받는 일입니다. 우리는 유한한 존재들이며 모두 상처 입은 존재들이기 때문입니다. 그렇기에 나는 이미 깨어진 존재라는 것 그리고 앞으로 얼마든지 깨어질 수 있는 존재라는 것을 인정해야 합니다. 그리고 깨어지는 것, 넘어지는 것, 실패하는 것, 상실하는 것을 두려워하지 말아야 합니다. 나만 당하는 것이 아니기 때문입니다.

어느 날 한밤중에, 시집가서 잘 살고 있는 것 같았던 딸이 전화를 해 옵니다. 전화를 받으니 아무 말도 하지 않고 한참 동안 딸이 웁니다. 얼마 후 진정하고 나서 자초지종을 말합니다. 자식까지 낳고 잘 살던 남편이 자신이 동성애자임을 그 동안 숨기면서 살았다고, 이제는 헤어져서 자신의 정체성을 따라 살아가야 하겠다고 말하더라는 것입니다. 그 말을 듣고 딸은 며칠 동안 배신감에 치를 떨었다고 합니다. 부모님에게 알리지 않고 혼자 해결하려 하다가 감당할 수가 없어서 전화를 했다고 합니다.

통화를 끝내고 나서 그 어머니는 가슴이 뛰어 한동안 잠을 이루지 못했습니다. 이제는 이혼하여 혼자 살고 있는 딸 이야기를 하시면서 그분이 그러십니다. "우리에게 이런 일이 일어날 줄은 꿈에도 몰랐습니다."

이것이 인생입니다. 나의 인생 보따리에 무엇이 들어 있는지 나는 알지 못합니다. 하지만 분명한 것이 있습니다. 나도 아플 수 있다는 사실입니다. 나도 상처받을 수 있고, 나에게도 상상하지 못했던 사고가 일어날 수 있고, 나도 질병이나 장애를 입을 수 있습니다. 내 자녀에게도 그런 일이 일어날 수 있습니다. 물론 우리는 그런 아픔과 고통을 피하고 살기를 소망하고 기도합니다. 할 수 있는 대로 그렇게 힘써야 하지요. 그러나 고통에 예외는 없습니다. 인생은 공평합니다. 그래서 예수님은 십자가에 달려 돌아가시기 전에 이렇게 말씀하셨습니다.

> 너희는 세상에서 환난을 당할 것이다. 그러나 용기를 내어라. 내가 세상을 이겼다. (요 16:33)

예수님이 우리에게 주시는 승리는 상처와 아픔과 고통을 면제받는 것이 아닙니다. 그것은 장차 새 하늘과 새 땅에서 일어날 일입니다. 이 땅에 발을 딛고 있는 한, 우리는 상처받는 것을 당연한 일로 생각해야 합니다. 그리고 이미 받은 상처 그리고 앞으로 받을 상처가 나를 지배하지 않도록, 나를 통해 다른 사람에게 전이되지 않도록 길을 찾아야 합니다.

상처에 정직해지다

이를 위해서 두 가지가 필요합니다. 첫째는 자신의 상처에 정직해지는 것입니다. 아플 때 아프다고 말하고, 외로울 때 외롭다고 말하고, 울어야 할 때 울라는 말입니다. 그것이 자신의 상처에 정직해지는 길입니다. 그래야만 상처가 치유될 수 있습니다.

어떤 분이 셰익스피어가 한 말이라면서 인용해 놓은 글을 보았습니다.

> 어려움을 당하여 우는 사람은 하수다.

어려움을 당하여 참는 사람은 중간이다.
어려움을 당하여 웃는 사람은 고수다.

저는 이 글을 읽고 원전을 찾아 읽고 싶었습니다. 인용된 글로만 보면, 셰익스피어가 인생을 이렇게도 몰랐나 싶기 때문입니다. 제 경험에 비춰 보면, 어려움을 당하여 참는 사람이 제일 하수입니다. 어려움을 당하여 웃는 사람은 고수가 아니라 정신 나간 것입니다. 어려움을 당하여 우는 사람이 진정한 고수입니다. 무너져 운 다음에야 진실로 웃을 수 있기 때문입니다.

저도 다른 한국 남성들처럼 '남자는 세 번 운다'는 가르침을 받고 자랐습니다. 이를 악물고 버티는 것이 잘하는 일이라고 믿었습니다. 남자답게 강해져야 한다고 생각했습니다.

고등학교 때 버스 타고 등교하다가 사고가 나서 팔목이 찢어져 병원에 실려 갔습니다. 의사가 제게 물었습니다. "세 바늘을 꿰매야 하는데, 마취할래 참을래?" 저는 그 질문이 "너 진짜 남자냐?"라는 질문으로 들렸습니다. 저는 "참겠습니다"라고 말했습니다. 소독하고 세 바늘을 꿰매고 붕대로 감쌀 때까지 저는 신음 소리도 내지 않고 참았습니다. 끝나고 나서 의사와 간호사가 대단하다고 칭찬해 주었습니다. 저는 저의 남성다움을 확인받았다는 생각에 뿌듯했습니다.

나중에서야 알았습니다. 그렇게 강해지려고 하다가 결국 부러지고 만다는 사실을 말입니다. 가정에서 혹은 직장에서 받는 모든 상처를 묵묵히 감내하며 이를 악물고 속으로 쌓아 놓으면 결국 그것으로 인해 부러져 버립니다. 저는 이제는 강해지려고 애쓰지 않습니다. 약해질 때 무너져 우는 법을 배웠기 때문입니다.

    몇 년 전, 11년 동안 섬긴 교회를 떠나왔을 때의 일입니다. 교인의 일부를 보내 지교회를 세우고 독립시키기 위해 노력했는데, 여러 이유로 지교회가 존폐 위기에 놓였습니다. 지교회의 미래를 두고 고뇌하며 기도하던 중에 하나님이 저와 아내를 그곳으로 부르신다는 믿음이 생겼습니다. 제 자리는 그대로 지키면서, 새로운 교회를 세우기 위해 수년 동안 고생한 교우들만 흩어 보낼 수는 없었습니다. 그 교우들에게 제가 지킬 수 있는 최소한의 예의는 저도 제 자리를 떠나는 것이라고 생각했습니다.

    그리하여 지교회를 함께 세우기로 하고, 섬기던 교회에서 환송 예배를 했습니다. 정들었던 교우들과 눈물로 작별 인사를 나누고 집에 돌아왔는데, 마음이 허전하여 그냥 집 안에 있을 수가 없었습니다. 날이 아직 밝기에 산책하는 것이 좋겠다 싶어 아내에게 같이 나가자고 했더니, 감정 소모가 너무 심하여 따라나설 수 없다고 대답했습니다. 그래서 홀로 나가 숲길을 걸었습니다.

    숲길 끝에는 자그마한 호수가 있었습니다. 저는 한참을 걷다가 호숫가 나무 그늘 아래 자리를 잡고 앉았습니다. 앉아 있는 제 머릿속에서 11년 동안의 목회 여정이 영화 속 장면처럼 지나갔습니다. 천 명이 넘는 교인들과 11년 동안 지냈으니 무슨 일인들 없었겠습니까? 좋은 일도 있었고 아픈 일도 있었습니다.

뿌듯한 보람을 느낀 때도 있었고, 견디기 힘든 일도 있었습니다. 위기도 없지 않았습니다. 그 모든 굴곡을 지나 큰 실수 없이 사역을 마치게 된 것이 참 감사했습니다.

그런 생각을 하고 있는데 제 안에서 뭔가 뜨거운 것이 솟아올랐습니다. 11년 동안 꾹꾹 눌러 놓았던 제 내면의 아이가 고개를 쳐들고 일어선 것입니다. 그 아이는 순식간에 저를 제압했습니다. 저는 갑자기 여덟 살짜리 꼬마 아이가 되었습니다. 꼬마 아이는 하늘 저 너머에 있을 어머니를 향해 말하고 있었습니다. "엄마, 나 잘했지? 씨, 이만하면 잘 참았지? 잘 견뎠지? 그렇다고 해 줘, 엄마. '내 아들, 잘했다. 참 장하다'고 말해 줘!" 이렇게 말할 때 주체할 수 없이 눈물이 흘러내렸습니다. 아내가 함께 나오지 않은 것은 하나님의 은혜였습니다. 그렇게 얼마나 울었는지 모릅니다. 지나가던 노부부가 저에게 다가와 "Are you okay?"라고 물어볼 정도로 온몸을 흔들며 울었습니다.

오해는 하지 마십시오. 교인들이 저를 괴롭게 한 것이 아닙니다. 그토록 훌륭한 교인들을 섬기게 된 것은 저에게 더없는 복이었습니다. 다만, 몸에도 맞지 않는 옷을 입고는 어른 흉내를 내느라고 저의 내면에 쌓인 상처가 쏟아져 나온 것입니다. 전통과 역사를 자랑하는 거대 교회의 목사로 행세하느라 내면에 쌓였던 피로가 쏟아져 나온 것입니다. 호숫가에서의 그 시간을 통해 저는 목사였기에 언제나 저야 했고, 언제나 참아야 했고, 언제나 의연해야 했고, 언제나 침착해야 했고, 모든 상처를 품어 안아야 했던 11년간의 감정의 찌꺼기를 고스란히 비워 낼 수 있었습니다.

실컷 울고 난 후에 제 어깨를 짓누르고 있던 납덩이 같은 뭔가가 벗겨지는 느낌이 들었습니다. 뭔지 알 수 없는 허전함이 채워진 것 같았습니다. 지금 돌아보니, 제가 지금 이만큼이라도 하고 있는 것은 그때 제 내면이 비워지고 제 안에 있는 어린아이가 위로를 받고 다시 제자리를 찾아 들어갔기 때문이라는 생각이 듭니다.

우리 모두는 때로 이렇게 아이처럼 주저앉아 울 필요가 있습니다. 그러려면 상처에 정직해져야 합니다. 자신을 너무 몰아세우지 말아야 합니다. 우리는 그렇게 강한 사람이 아닙니다. 그렇게 강해질 필요도 없습니다. 약해져야 할 때 약해지는 것이 진실로 강한 것입니다. 강해져야 한다는 강박 관념을 가지고 살아오신 남성들은 명심할 필요가 있습니다. 약해지기를 두려워하지 마십시오. 여성들 중에도 이런 분들이 계실 것입니다. 이민 사회에는 어릴 때부터 가장 노릇을 한 여성들이 많습니다. 이런 분들은 자신도 모르는 사이에 강해져야 한다는 강박 관념에 짓눌립니다.

자신을 과대평가하지 마시기 바랍니다. 때로는 자신의 연약함을 받아들이셔야 합니다. 때로는 무너져 내려 통곡해야 합니다. 때로는 절망하고 절규해야 합니다. 그것은 약한 것도 아니고 불신앙적인 것도 아닙니다.

상처를 드러내다

내면에 있는 상처가 말과 행동을 통하여 다른 사람에게 전이되지 않도록 하기 위해 우리가 해야 할 또 다른 일이 있습니다. 우리의 상처를 하나님 앞에 그리고 다른 사람 앞에 내어놓는 것입니다.

하나님 앞에 드러낸다는 말은 기도한다는 말입니다. 찬양으로 드러내기도 합니다. 어려움을 당하여 하나님 앞에 나아가 마음을 쏟아 놓으라는 뜻입니다. 정직하게, 있는 그대로, 마음에 있는 감정들을 하나님께 쏟아 놓으라는 뜻입니다. 하나님은 우리가 기도할 때 우리의 감정에 정직하기를 원하십니다. 통곡해야 할 때 통곡하고, 원망이 치밀어 오를 때 원망하고, 쓴 물이 올라올 때 그 쓴 물을 뱉어 내기를 원하십니다. 우리는 시편을 통해 이러한 기도를 배울 수 있습니다.

이런 점에서 매일 시편 한두 편을 소리 내어 읽으면서 기도하는 것은 아주 좋은 영성 생활입니다. 이는 우리 마음에 주는 영양제와 같습니다. 특히 관계 문제로 어려움을 겪을 때는 이 기도 방법이 놀라운 힘을 발휘합니다. 시편에는 우리가 살아가면서 경험할 수 있는 모든 상황과 그 상황에서 느낄 수 있는 모든 감정이 들어 있습니다. 찬양과 감사의 기도, 탄식과 절규의 기도, 심지어 원망과 저주의 기도까지 있습니다. 그 기도들을 소리 내어 읽는 것은 마치 누군가가 내 곁에서 나를 대신해 기도해 주는 것과 같습니다.

하나님은 위장된 찬양과 감사를 원치 않으십니다. 하나님 앞에 마음을 쏟아 놓고 나서야 우리는 감사하고 찬송할 수 있습니다. 그럴 때 하나님은 우리의 마음을 위로하시고 새롭게 하십니다. 진정한 상처의 치유는 하나님에게서 은혜를 입을 때 시작됩니다.

그뿐 아니라 우리는 우리의 상처를 다른 사람에게 드러내 놓을 수 있어야 합니다. 거기까지 가야만 상처가 치유될 수 있고, 상처를 전이시키지 않을 수 있습니다.

자신의 상처를 꺼내 보이는 것은 참으로 두려운 일입니다. 상처는 대개 우리가 부끄럽게 여기는 것들이기 때문입니다. 하지만 그것이 두려워 숨기는 한 그 상처는 치유되지 않습니다. 두렵지만 치유를 위해 용기를 내어 믿을 만한 사람에게 꺼내 보여야 합니다. 다른 사람들의 입이 무서워서 자신의 상처가 알려질까 두려워 쉬쉬하며 사시는 분들이 우리 주변에는 참 많습니다. 그런 분들은 지켜야 할 체면이 너무 큽니다. 체면을 지키려 하면 내면이 망가집니다. 체면 불구하고 상처를 내어놓는 사람들은 내면의 건강을 얻을 수 있습니다.

사람들이 체면 구기는 일로 생각하는 일들이 여럿 있습니다. 자녀가 겪는 우울증이나 조울증 같은 정신 질환, 마음의 질병 때문에 발생하는 마약 중독 혹은 자살이 가장 대표적인 예입니다. 자녀가 성 소수자인 경우에는 더욱 그렇습니다. 특히 성공적인 인생을 살아온 분들이 이런 일을 만나면 받아들이지 못하고, 그렇기에 다른 사람에게 알려지는 것을 죽기보다 두려워합니다. 체면에 목숨 걸고 살아왔기 때문입니다.

말이 나왔으니 하는 말인데요. 우울증 때문에 스스로 목숨을 취하는 경우 "아파서 죽었다"고 말하는 것이 정확한 표현입니다. 우울증이 깊어져서 스스로 목숨을 끊은 것은 암으로 투병하다가 죽은 것과 본질상 다르지 않습니다. 자녀가 암에 걸려 세상을 떠났을 때 수치스럽게 생각하지 않는 것처럼, 우울증으로 스스로 목숨을 끊은 경우도 수치로 생각하지 말아야 합니다.

제가 아는 목사님 한 분도 최근에 우울증이 재발해 고생하고 있습니다. 그분이 그러십니다. 우울증이 깊어지면 '나만 없어지면 돼!'라는 생각이 너무도 강하게 든다고 말입니다. 다행히 10년 전에는 그 위기를 넘겼는데, 이번에도 그렇게 할 수 있을지 모르겠다고 걱정하십니다. 그런 상황에 이르면 정상적인 판단을 내리기 힘들다는 점을 알기 때문입니다.

자살을 두둔하려는 것은 아닙니다. 저는, 자살한 아버지 때문에 10년도 넘게 고통받고 있는 가족을 알고 있습니다. 그 아들이 얼마 전에 결혼을 했습니다. 결혼을 앞둔 그 아들의 이야기를 들으며 마음이 참 아팠습니다. 그동안 여러 여성을 사귀었는데, 아버지의 죽음 이야기만 하면 이별 통고를 받아야 했습니다. 그래서 결혼을 못 할 줄 알았습니다. 결혼하게 된 자매를 만나서는 작심하고 첫 만남에서 그 이야기를 했습니다. 그랬더니 그 사내가 "얼마나 힘들었어?" 하면서 받아 주었습니다. 그것을 시작으로 결혼하는 기적을 얻었고 지금은 두 아이를 둔 행복한 가정을 이루었습니다.

자살은 이렇게 남겨진 가족에게 평생 지워지지 않는 아픔을 남깁니다. 그렇기에 결코 해서는 안 될 일입니다. 하지만 우울증이 깊어진 상태에서는 그런 판단을 할 수가 없습니다. 그러니 그 단계에 이르기 전에 누군가 그 마음을 알아보고 그 유혹에서 건져 주어야 합니다. 본인 자신이 그 마음을 누군가에게 열어 보이는 것이 가장 좋습니다. 하지만 그럴 기회를 얻지 못하고 불행한 선택을 하는 경우가 있습니다. 그럴 경우, 그 죽음을 비난해서는 안 됩니다. 그것을 흉이나 수치라고 여겨서도 안 됩니다. 남이 알까 두려워하지 말아야 합니다. 자랑할 것은 아니지만 고백하지 못할 일도 아닙니다.

그런 점에서 진실한 믿음의 공동체가 어느 때보다 중요하고 절실해졌습니다. 교회는 믿음의 형제자매들이 지속적으로 모여 서로 자신의 상처를 내어놓고 서로 기도해 주며 품어 주는 곳입니다. 불행하게도, 오늘의 교회는 상처를 치유하는 곳이 아니라 더 많은 상처를 겪게 만드는 곳이 되어 버렸습니다. 또한 상처를 내어놓을 수 있는 안식처가 아니라 더 두꺼운 가면을 쓰고 위장을 해야 하는 곳이 되어 버렸습니다. 인생 여정에서 깊은 상처를 입었을 때 교회를 찾아야 옳은데, 그런 상황에서 오히려 교회를 떠납니다. 교회가 본질을 잃어버렸다는 뜻입니다.

오늘날 우리 사회에 퍼져 있는 아픔의 실상을 생각할 때 이것은 엄청난 상실입니다. 상담 치유자인 래리 크랩(Larry Crabb)은 『영혼을 세우는 관계의 공동체』(*Becoming a True Spiritual Community*, IVP)라는 책에서, 내적 치유를 위한 가장 강력한 힘은 믿음의 공동체에 있다고 고백한 바 있습니다. 유진 피터슨(Eugene Peterson)도 한때 목회를 그만두고 상담가의 길로 들어설 뻔했으나 진정한 예배자로서의 삶에 더 큰 치유의 힘이 있음을 믿었기에 그 유혹을 떨칠 수 있었다고 고백했습니다. 두 사람은 그들의 경험을 통해 교회가 조직과 제도가 아니라 진정한 믿음의 공동체가 될 때 그 안에서 강력한 치유의 역사가 일어난다는 사실을 증언하는 것입니다.

이런 점에서 본다면, 오늘의 교회들은 하나님이 믿음의 공동체에 부여하신 치유의 기능을 상담가나 치유 전문가에게 아웃소싱하고 있는 셈입니다. 물론 내적 치유를 위해 상담가도 필요하고 치유 전문가도 필요합니다. 그러나 그보다 더 중요한 것은 교회가 믿음의 공동체로 회복되는 것입니다. 진정한 인격적 사귐이 일어나게 하는 것입니다. 그것이 오늘의 교회가 회복해야 할 가장 중요한 본질입니다.

기억하십시오. 모두 아픕니다. 당신도 아프고 이 글을 쓰고 있는 저도 아픕니다. 아프지 않은 사람은 아무도 없습니다. 그러니 우선 자신의 상처에 정직해질 필요가 있습니다. 약해져야 할 때 약해지고 무너져야 할 때 무너지고 울어야 할 때 울어야 합니다. 우리의 연약함을 하나님 앞에 그리고 믿음의 형제자매 앞에 내어놓기를 주서하지 말아야 합니다. 그렇게 할 때 바울 사도가 "꼭 자랑을 해야 한다고 하면, 나는 내 약점들을 자랑하겠습니다"(고후 11:30)라고 하신 말씀이 무슨 뜻인지를 깨달을 것입니다.

그럴 때 우리는 인생 여정을 살면서 피할 수 없는 상처를 받아들이고 또한 그 상처를 치유받을 수 있습니다. 그럴 때 나의 상처를 다른 사람에게 전이시키는 것이 아니라 상처의 연결 고리가 나에게서 멈추게 할 수 있습니다. 그리고 더 많은 사람들을 품을 수 있습니다. 내 상처를 알기에, 다른 사람을 볼 때 그 안에 숨기고 있는 상처를 볼 수 있기 때문입니다. 바로 이것이 깨어진 세상에서 상처받은 사람들과 함께 살아가는 삶의 방법입니다. 이것이 우리가 받은 은혜가 우리를 통해 세상으로 흘러가게 하는 방법입니다.

묵상과 나눔을 위하여

1. 자신의 내면을 들여다보십시오. 내면에 뭉쳐 있는 상처 덩어리가 있습니까? 아직 아무에게도 꺼낸 적이 없는 문제가 있습니까?

2. 지금 당신을 어렵게 하는 사람이 있습니까? '그 사람도 아프다!'는 사실을 생각해 보십시오. 그리고 그 사람을 위해 기도하십시오.

3. 당신의 상처 치유 경험을 생각해 보십시오. 어떻게 치유받았는지를 나누어 주십시오.

2장

○

살아야 할

이유

절망의 시대

'터널 증후군'이라는 말이 있습니다. 인생 여정에서 어둡고 긴 터널을 지나는 것 같을 때가 있습니다. 그 상태가 지속되면 마치 터널이 끝나지 않을 것만 같은 느낌에 사로잡힙니다. 우울증이 깊어지면 많은 사람들이 이 증후군을 겪습니다. 우울 증세가 호전되거나 상황이 바뀌면 터널을 벗어난 것 같은 해방감을 맛보게 됩니다만, 그런 변화가 없으면 그 터널이 영영 계속될 것처럼 느낍니다. 그리고 그 절망감이 깊어지면 스스로 목숨을 취하는 불행에 이릅니다.

한국의 자살 문제는 심각합니다. 'OECD 국가'라고 하면 경제적으로 어느 수준 이상에 이르러 국민 대다수가 먹고살

만한 나라들을 가리킵니다. 그 국가들 중에서 자살률 1위가 우리나라입니다. 한국인의 사망 원인 4위가 자살입니다. 교통사고는 그다음입니다. 10대, 20대 그리고 30대의 경우는 사망 원인 1위가 자살이고, 지난 몇 년 동안 70대와 80대의 자살률 또한 급증했습니다. 미국에 사는 소수 민족 가운데서 한인들의 자살률이 가장 높습니다. 이렇게 보면, 높은 자살률은 단지 환경 문제만은 아닌 것 같습니다.

왜 이럴까요? 여러 이유가 있을 것입니다. 가장 큰 이유 하나는 현대판 흑사병이라고 불리는 마음의 질병 때문입니다. 과거에는 우울증을 '중년에 찾아오는 홍역'이라고만 생각했는데, 지금은 20대와 10대에까지 확산되고 있습니다. 조울증, 정신분열증, 공황 장애 같은 말들을 이제는 흔히 듣게 되었습니다. 약물 중에서 소비가 가장 가파르게 치솟고 있는 것이 항우울제입니다. 이렇듯 마음의 질병이 흔해지고 깊어지면서 자살률도 함께 높아지고 있는 것입니다.

정신 질환을 겪지 않는 사람들도 때로 불행한 선택을 합니다. 도무지 넘어설 수 없어 보이는 거대한 장애물 앞에서 판단을 잘못하는 것입니다. 절망감이 가장 큰 원인이지요. 수치심이 원인이 되기도 합니다. 얼굴을 들고 살아갈 자신이 없다고 느끼는 것입니다. 성공한 사업가로 알려진 사람들 혹은 유명한 연예인들이 이런 극단적 선택을 하는 경우가 있는데, 이는 절망감과 수치심이 겹쳤기 때문일 것입니다. 세상의 정상에 서 있던 사람들은 실패자로 낙인찍히는 것이 죽기보다 싫을 것입니다.

자존심이라는 것이 그렇습니다. 내려놓고 보면 아무것도 아닙니다. 내려놓고 나면 존재가 깃털처럼 자유로워집니다. 목숨을 걸 만한 대상이 아닙니다. 하지만 내려놓기 전에는 그것이 전부인 듯 보입니다. 그래서 불행한 선택을 합니다.

신앙인은 그런 선택을 할 수도 없고 해서도 안 됩니다. 원론적으로 그렇다는 뜻입니다. 믿는 사람은 "옛 사람을 그 행실과 함께"(골 3:9) 십자가에 못 박고 무덤에 장사 지낸 사람이기 때문입니다. 자존심은 옛 사람의 못된 행실 중 하나입니다. 자존심의 문제가 마음을 흔들 때마다 "너, 죽었어!"라고 사망 선고를 해야 합니다. 그렇게 알고 그렇게 믿고 사는 사람은, 도저히 인정할 수 없는 절망감과 수치심에 눌려도 불행한 선택을 하지 않을 가능성이 높습니다. 믿음은 절망적인 상황에 빠지지 않게 만드는 힘이 아니라 절망적인 상황에서 희망을 가지게 만드는 힘이기 때문입니다.

우울증이나 다른 마음의 질병 때문에 자살 충동을 느끼는 경우 혹은 인생의 위기에서 절망감과 수치심에 짓눌릴 때 꼭 기억해야 할 진실이 있습니다. '내 생명은 내 것이 아니다!'라는 진실입니다. 세상은 그 반대로 가르칩니다. 제 청년 시절에 유행했던 노래가 생각납니다. 그 노래 제목이 '내 인생은 나의 것'이었습니다. 다른 사람이 자신의 인생에 간섭하는 것을 거부하겠다는 뜻을 담은, 공감 가는 노랫말입니다. 하지만 이 말은 절반만 진리입니다. 내 인생 혹은 내 생명은 내 것만이 아닙니다. 이렇게 말하는 데는 두

가지 이유가 있습니다.

생명은 은총이다

첫째, 모든 생명의 궁극적 주인은 하나님이시기 때문입니다. 바울 사도는 하나님을 가리켜 "만물에게 생명을 주시는"(딤전 6:13) 분이라고 말했습니다. 이는 육신의 생명, 즉 목숨만이 아니라 영원한 생명까지 포함하는 말입니다. 하나님은 육적 생명과 영적 생명의 주인이십니다. 그렇기에 욥처럼 "주신 분도 주님이시요, 가져가신 분도 주님이시니, 주님의 이름을 찬양할 뿐입니다"(욥 1:21)라고 고백하는 것이 옳습니다. '내 인생은 나의 것'이라고 주장할 어떤 자격도 나에게는 없습니다.

이런 까닭에 기독교 전통에서 자살은 죄라고 규정해 왔습니다. 다른 사람의 생명을 해치는 살인이 가장 중한 죄라면, 자신의 생명을 해치는 것은 더 큰 죄입니다. 한 걸음 더 나아가, 자살한 사람은 지옥에 간다는 신념이 믿는 이들 사이에 널리 퍼져 있습니다. 하나님의 소유인 생명을 자신의 손으로 해쳤으니 용서받을 수 없고, 죄를 지은 다음에 회개할 기회를 얻을 수 없으니 또한 용서받을 수 없다는 것입니다.

이 신념은 많은 사람들을 자살의 위기에서 보호해 주었습니다. 40년간 믿어 온 남편에게 배신당한 어느 자매가 그러십니다. "여러 번 죽으려고 했는데, 자살하면 지옥에 간다는 말에 참곤 했습니다. 그것 아니었으면 저는 지금 이 세상에 없었을 거예요."

이 자매와 같은 생각으로 위기의 터널을 지나온 사람들이 많습니다. 이를 생각하면 자살하면 지옥 간다는 신념은 나름대로 중요한 역할을 해 왔습니다. 계속 강조할 필요가 있다 싶습니다.

하지만 이 신념이 문제를 만드는 경우도 있습니다. 자살한 사람의 남겨진 가족들이 이 신념 때문에 받는 심적 고통은 때로 아주 심각합니다. 사랑하는 사람을 자살로 잃었다는 것도 큰 아픔인데, 그 사람이 지옥에서 영원히 고통받는다고 생각하면 얼마나 더 고통스럽겠습니까? 게다가 믿음이 좋다는 사람들은 자살로 죽은 사람을 정죄하고 판단하는 경향이 있습니다. 그러니 남겨진 가족들은 거듭 상처를 받습니다.

이 문제와 관련하여 유명한 일화가 있습니다. 1970년에 청계천 노동자들의 인권을 위해 싸우다가 분신한 전태일 열사의 이야기입니다. 그는 한국 현대사에서 아주 중요한 인물입니다. 그 자신도 신앙인이었고, 그의 어머니 이소선 여사도 신실한 믿음의 사람이었습니다. 그래서 전태일 열사 장례를 치르기 위해 장례 준비위원들이 당시 개신교에서 가장 존경받던 어느 목사님께 장례 예배를 집전해 달라고 청했습니다. 그러자 그 목사님은 "자살한 죄인을 위해 예배드리는 것은 불가하다"고 대답했습니다. 그것이 그 목사님의 오점 중 하나로 기억되고 있습니다.

믿는 사람들이 교리에만 붙들리면 이렇게 잔인할 수 있습니다. 교리로서 "자살한 사람은 지옥에 간다"고 말하는 것과 자살한 사람의 영정 앞에서 "이 사람은 지옥에 갔습니다"라고 유가족에게 말하는 것은 전혀 다릅니다. 앞의 말은 '어떻게든 자살을 피하라'는 경고입니다. 하지만 뒤의 말은 하나님의 자리를 범하는 잘못입니다. 한 사람의 구원 문제는 전적으로 하나님께 달려 있습니다. 우리는 한 사람의 구원 여부에 대해 교리에 입각하여 결론을 내서는 안 됩니다. 결론은 하나님께 속한 것입니다.

어떤 죽음 앞에서도 우리는 고인을 하나님의 사랑에 맡기고 기도해 주어야 하며, 그 일 때문에 상처받은 사람들을 위로하고 품어 주어야 합니다. 교리는 이 땅에서 어떻게든 하나님의 뜻을 분별하여 살기 위해 인간이 만든 것입니다. 우리는 그 교리를 따라 바르게 살려고 노력합니다. 교리는 살아 있는 동안에 필요한 것입니다. 죽음의 문턱을 지나는 순간, 우리는 모든 교리를 내려놓고 고인을 위해 기도하고 가족을 위로해 주어야 합니다.

앞 장에서 언급한 것처럼 우울증을 앓다가 자살한 경우에는 암이나 심장마비로 인해 사망한 것과 다를 것이 없습니다. 우울증이 이성적 판단을 하지 못하게 만들기 때문입니다. 그런 경우에까지 교리를 들이대는 것은 너무나 무분별한 행동입니다.

우리는 늘 기억해야 합니다. 내 생명은 하나님이 주신 선물입니다. 그 생명을 얻기 위해 내가 한 일은 하나도 없습니다. 그것은 하나님이 주신 전적인 선물입니다. 그렇기에 내 생명을 거두어 가는 것도 하나님이 하실 일입니다. 나의 생명이 그렇다면 다른 사람의 생명도 마찬가지입니다. 사람의 생명만이 아니라 하나님이 지으신 모든 생명을 그렇게 대해야 합니다.

생명은 관계 안에서 존재한다

둘째, '내 생명은 내 것이 아니다'라고 말하는 이유는 내 생명은 또한 나를 사랑하고 내가 사랑하는 사람들을 위한 것이기 때문입니다. 이것은 종교적 진리이기 이전에 과학적 진실입니다. 하나의 생명은 다른 생명들과의 관계 안에서만 존재합니다. 다른 생명에게서 도움을 받고 다른 생명에게 도움을 주는 관계 안에서만 생명은 존재합니다. 서로가 타자를 위해 존재함으로 말미암아 모두가 행복해지는 것, 바로 이것이 생명의 원리입니다.

이 생명의 원리는 사랑하는 사람들 사이에서 가장 잘 보입니다. 사랑은 자기중심성에서 비롯하는 질병을 치유합니다. 자기 자신에게만 향하던 마음이 사랑하는 사람에게로 향합니다. 사랑하는 사람을 위한 희생에서 보람과 기쁨을 맛봅니다. 이 원리는 가정의 기초이기도 합니다. 부부가 행복하게 살고 있다면 이 생명 원리가 작동하기 때문입니다. 부모와 자녀가 행복하게 살고 있다면 그것도 이 원리가 작동하고 있기 때문입니다. 반면, 이 생명 원리를 무시하거나 역행하면 문제가 생깁니다. 자기 혼자만 행복해지면 자신만이 아니라 모든 사람에게 불행이 닥칩니다.

토머스 머튼(Thomas Merton)이 인용하여 유명해진 경구가 있습니다. "No man is an island." 섬처럼 혼자 존재할 사람은 없다는 뜻입니다. 모두가 서로에게 의존하며 사는 것입니다. 그래서 "혼자만의 행복은 없다"고도 말합니다. '혼자만의 행복'은 개인주의와 물질주의가 전파하는 거짓 복음입니다. 내가 의식하든 못하든 나는 많은 이들의 덕을 입고 살고 있습니다. 반대로, 내가 알든 모르든 나로 말미암아 덕을 입고 살아가는 사람들이 있습니다. 우리는 사랑받고 또한 사랑함으로 존재하는 것입니다.

그러므로 우리는 이 두 생각을 늘 마음에 새기고 살아야 합니다. '내가 얼마나 많은 사람들에게 덕을 입고 살고 있는지'가 하나요, '내가 얼마나 많은 사람들에게 필요한 존재인지'가 다른 하나입니다. 앞의 사실을 기억한다면 늘 감사한 마음으로 살게 될 것이고, 뒤의 사실을 기억한다면 책임감을 느낄 것입니다. 다른 사람들에게서 받은 '은혜' 그리고 다른 사람들에 대한 '책임'은 내가 살아야 할 충분한 이유가 됩니다. 이 두 가지만 기억한다면 아무리 어려운 상황일지라도 불행한 선택을 하지 않을 것입니다.

엘리 위젤(Ellie Wiesel)의 『나이트』(*La Nuit*, 예담)는 저자가 1944년 3월부터 1945년 4월까지 나치 수용소에서 겪은 이야기를 기초로 하여 쓴 소설입니다. 열다섯 살의 소년 엘리는 아버지와 함께 헝가리에 있는 수용소에서 지내다가 나중에 아우슈비츠로 이송됩니다. 헝가리에 있던 유대인 포로들은 아우슈비츠에 도착했을 때 질병과 굶주림과 동상과 폭행 때문에 10퍼센트만이 살아남았습니다. 엘리와 그 아버지가 생존자 중에 있었습니다.

13개월 동안의 수용소 생활 중에 '이렇게 사느니 차라리 죽는 편이 낫겠다' 싶은 순간이 거듭거듭 닥쳐 왔지만, 아버지는 아들 때문에, 아들은 아버지 때문에 이를 악물고 견딥니다. 불행히도 아버지는 해방되기 얼마 전에 숨을 거둡니다. 그때 아들 엘리는 아버지를 지켜야 한다는 책임감에서 해방되었다는 안도와 함께 거대한 공허를 느낍니다. 아버지가 그동안 자신의

생명줄을 붙들어 주었던 것입니다. 아들 또한 아버지에게 살아야
할 이유였습니다. 아버지가 숨을 거두자 엘리는 한순간에
모든 것이 허무해지는 경험을 합니다. 수용소 생활이 조금만
더 길어졌더라면 엘리 위젤도 끝내 생명의 끈을 놓아 버렸을
것입니다.

이것이 사랑의 비밀이요 인생의 신비입니다. 나의 생명은
나 자신을 위한 것이 아닙니다. 우리는 사랑받고 사랑하도록
지어졌습니다. 그렇기에 나 자신만을 위한 삶은 자신과 이웃을
불행하게 합니다. 반면, 사랑받고 사랑하는 인생은 모두에게
행복을 가져다줍니다. 이것을 기억한다면 위기의 터널에 갇혀
있다 해도 불행한 선택을 하지 않을 것입니다.

성공을 향한 분투

이런 맥락에서 바울 사도가 디모데에게 준 말씀을 다시 읽어 볼
필요가 있습니다. 여기서 그는 살아야 할 이유를 제대로 찾으라고
권면합니다.

> 그러나 부자가 되기를 원하는 사람은, 유혹과 올무와 여러 가지
> 어리석고도 해로운 욕심에 떨어집니다. 이런 것들은 사람을
> 파멸과 멸망에 빠뜨립니다. 돈을 사랑하는 것이 모든 악의
> 뿌리입니다. 돈을 좇다가, 믿음에서 떠나 헤매기도 하고, 많은
> 고통을 겪기도 한 사람이 더러 있습니다. (딤전 6:9-10)

여기서 사도가 문제 삼는 것은 부 자체가 아닙니다. 성실하게 열심히 살아서 부를 얻는 것은 좋은 일입니다. '성실하게 사는 것'과 '부자가 되기를 원하는 것' 혹은 '돈을 사랑하는 것'은 같아 보이지만 다른 것입니다. 후자는 부 자체를 인생의 목적으로 삼기 때문입니다. 사랑받고 사랑하게 되어 있는 인생을 돈 버는 것에 오용하는 것입니다.

돈만이 아닙니다. 유명세를 목적 삼는 것도 그렇고, 다른 사람의 인정을 목적 삼는 것도 그렇습니다. 성공을 목적 삼는 것도 그렇고, 권력을 목적으로 삼는 것도 그렇습니다. 사랑받고 사랑하는 것 외에 다른 무엇이 살아야 할 이유가 되는 순간, 우리는 불행을 향해 가게 되어 있습니다. '다정한 전사'라 불리는 정신과 의사 정혜신은 『당신이 옳다』(해냄)에서 그것을 '자기 소멸의 위험'이라고 진단합니다. 다른 사람의 인정을 받는 것이 인생의 목적이 되면 스스로 자기 자신을 부정하게 됩니다. 스스로 만든 자기 소멸은 우울증, 조울증 혹은 공황 장애의 원인이 되기도 합니다. 그래서 그는 "누구든지 나와 내 삶이 멀어질수록 위험해진다"(41쪽)고 경고합니다.

성공 가도를 달리던 사람들이 스스로 목숨을 끊는 이유는 여러 가지일 것입니다만, 성취를 향한 집착이 가장 큰 이유 중 하나임에는 틀림이 없습니다. 그들에게는 성공이 살아야 할 이유가 됩니다. 그 결과, 어느 순간 내려오기에 너무 높이 올라가 있는 자신을 발견합니다. 그 높은 사다리를 한 걸음 한 걸음 내려오는 것이 너무도 두려워 한 번에 뛰어내리고 싶습니다.

불행하게도, 오늘도 많은 사람들이 뭔가 이루기 위해 몸부림치고 있고, 그 과정에서 자신을 잃어 가고 있습니다.

그렇게 분투하여 성공했다 싶은 단계에 오르는 사람은 소수입니다. 하지만 목표하던 지점에 이르렀다고 느끼는 순간 더 깊은 공허를 느끼게 되어 있습니다. 그 공허는 사랑이 아니고는 채워지지 않습니다. 그 자리를 다른 무엇으로 채우기 위해 몸부림치다가 결국 인생을 망치는 것입니다. 반면, 많은 사람들은 그 과정에서 패배자가 됩니다. 그것이 우울증을 더 심하게 만드는 요인이 됩니다. 뭔가 성취하는 것을 살아야 할 이유로 착각하는 것은 바울 시대에도 있었던 사회적 질병이었습니다. 그 질병이 오늘 한국에서 전염병처럼 퍼지고 있고 고질병처럼 깊어지고 있는 것입니다.

살아야 할 이유에 대한 사람들의 오해를 지적한 다음, 바울 사도는 살아야 할 진정한 이유에 대해 말합니다.

> 하나님의 사람이여, 그대는 이 악한 것들을 피하십시오. 의와 경건과 믿음과 사랑과 인내와 온유를 좇으십시오. 믿음의 선한 싸움을 싸우십시오. 영생을 얻으십시오. 하나님께서는 영생을 얻게 하시려고 그대를 부르셨고, 또 그대는 많은 증인들 앞에서 훌륭하게 신앙을 고백하였습니다. (딤전 6:11-12)

11절의 '이 악한 것들'은 뭔가를 성취하는 것을 목표로 두고 살아가는 것을 말합니다. 그것은 '잘못된 것'일 뿐 아니라 '악한 것'입니다. 하나님이 주신 인생을 허비하게 만들고 파괴하기 때문입니다. 본인 자신의 삶을 파괴할 뿐 아니라 사랑하는 사람과 이웃의 삶까지 파괴합니다. 우리 시대의 무한 경쟁 체제와 성공주의적 인생관은 악한 것입니다.

 믿는 사람들도 뭔가를 성취하기 위해 분투하는 삶의 방식으로 유혹받을 수 있습니다. 다른 사람이 뭔가를 성취하기 위해 분투하고 그렇게 살아 물질적으로 뭔가를 이룬 것을 보면 내가 뭔가 손해 보는 것처럼 느껴집니다. 상대적 박탈감을 느낍니다. 그래서 유혹을 받습니다. 그래서 믿는 사람들 중에도 성취와 성공을 목적으로 삼고 사는 사람들이 많습니다. 목회자들도 마찬가지입니다. 오늘날 인기 있는 '번영의 복음'은 하나님의 능력으로 목적하는 바를 성취할 수 있다고 선전합니다. 우리의 본성이 완전히 회복되지 않았기 때문에 그 유혹은 언제나 강력합니다.

 그래서 바울은 디모데에게 "이 악한 것들을 피하십시오"라고 촉구합니다. '피하라'는 말은 '피해 달아나라'는 뜻입니다. 적군에게 쫓기는 사람이 생명을 보존하기 위해서 달아나는 행동을 의미합니다. 경쟁주의적이고 성공 지향적인 우리 시대의 풍조는 너무도 집요하게 우리를 포로로 만들려 하기에, 우리는 그 악한 마수에 사로잡히지 않기 위해 달아나야 합니다. 사도는 이것을 현재명령형으로 표현합니다. 헬라어에서 현재명령형은 지속적으로 행동할 것을 요구합니다. 항상 촉각을 곤두세우고 경계하고 피하라는 뜻입니다.

그뿐 아니라 바울은 "믿음의 선한 싸움을 싸우십시오"라고 권합니다. 뭔가를 성취하기 위해서 분투하는 삶을 포기하고 "의와 경건과 믿음과 사랑과 인내와 온유를" 좇는 것은 쉬운 일이 아닙니다. 뭔가를 성취하는 것에 목적을 두면 "의와 경건과 믿음과 사랑과 인내와 온유"가 장애물이 됩니다. 가족에 대한 사랑도, 하나님께 대한 헌신도, 영적 성장도, 교회에 대한 헌신도 자신이 원하는 것을 원하는 만큼 성취할 때까지 유보시킵니다. 그것들은 원하는 것을 성취하고 나서 얼마든지 할 수 있다고 생각합니다. 아니, 그 후에야 제대로 사랑할 수 있고 제대로 헌신할 수 있다고 생각합니다. 그러다가 모든 것을 잃고 맙니다. 그래서 바울은 그것을 '악하다'고 말한 것입니다.

목숨과 영생

바울 사도는 "영생을 얻으십시오"라고 덧붙입니다. 영생은 비유 언어입니다. 물론 육적 생명, 즉 목숨과 영원한 생명은 그 길이가 다릅니다. 목숨은 길어야 백 년 남짓이지만, 영생은 무한히 계속됩니다. 하지만 그것은 영생의 한 차원일 뿐입니다. 영생은 목숨과 질적 차이가 있고 다른 차원의 생명을 의미합니다. 그렇기에 영생은 목숨이 끝나는 순간에 시작되는 것이 아니라 목숨을 유지하며 사는 동안에도 가질 수 있고 누릴 수 있습니다. 그렇다면 어떻게 영생을 가질 수 있습니까? 예수님은 영생을 이렇게 정의하셨습니다.

> 영생은 오직 한 분이신 참 하나님을 알고, 또 아버지께서 보내신 예수 그리스도를 아는 것입니다. (요 17:3)

얼른 보면 이해하기 어려운 정의입니다. 하지만 영생은 목숨과는 질적 차이가 있고 다른 차원의 생명을 의미한다는 사실을 생각하면 이 정의에 동의할 수 있습니다. 영생은 참된 생명을 의미합니다. 진실된 삶을 의미합니다. 하나님을 알고 예수 그리스도를 알면 참되고 진실된 생명의 길을 알게 되고 또한 살게 됩니다. 그렇기에 참되게 믿는 순간 영생이 시작되는 것입니다. 믿음 안에서 시작된 영생은 새 하늘과 새 땅이 임할 때 완성됩니다.

이렇게 본다면 "영생을 얻으십시오"라는 말은 "하나님 안에서 참되고 진실하게 살아가십시오"라는 뜻입니다. 믿음은 하나님 안에서 인생의 참 의미를 알고 그 의미를 따라 살아가는 과정입니다. 또한 믿음은 거짓 자아를 벗어 버리고 하나님 안에서 참 자아를 찾는 과정입니다. 자아 소멸이 가장 위험한 마음의 질병이라면 믿음은 마음에 대한 가장 강력한 치유입니다. 하나님 안에서 우리의 거짓 자아는 소멸되고 하나님의 사랑을 받는 참 자아를 발견하기 때문입니다. 하나님 안에서 발견한 새로운 자아는 결코 소멸되지 않습니다. 누구도 그것을 소멸시킬 수 없습니다.

하나님 안에서 참 자아를 발견하고 참다운 인생의 의미를 새롭게 찾고 그 의미를 위해 살아가는 것이 영생을 누리는 길입니다. 이것을 다른 말로 하면 사랑받고 사랑하는 것입니다. 우리가 노력하는 모든 것은 사랑받고 사랑하는 도구가 되어야 합니다. 이렇게 살면 방향을 잃지 않습니다. 이렇게 살면 생명을 포기하고 싶을 정도의 위기를 만나지 않습니다. 혹시 그런 위기를 만나도 불행한 선택을 하지 않습니다. 어떤 경우에도 인생은 살아야 할 충분한 이유가 있음을 알기 때문입니다. 어떤 경우에도 사랑받고 사랑하는 것으로 충분히 행복할 수 있기 때문입니다. 생명은 거룩한 은혜이며 또한 책임이기 때문입니다.

자폐증이 심한 아들을 둔 부모님과 대화하는 중에 그 어머니가 제게 그러셨습니다. "언젠가 우리 아들이 다른 사람에게 쓸모 있는 존재가 되기를 바랍니다. 저 아이에게 분명히 뭔가 쓸모 있는 재능이 있을 거예요. 그것을 찾아 주고 싶어요." 그 아들은 심한 자폐 증상으로 말미암아 어떤 '쓸모 있는' 일도 하기 어려운 상태에 있기 때문에 그렇게 말씀하신 것입니다.

그 말씀에 제가 외람되게 이렇게 대답을 드렸습니다. "인간은 쓸모 있어서 태어나는 것이 아닙니다. 생명은 뭔가를 위해 사용되는 것이 아니라 사랑받고 사랑하는 것입니다. 사랑받고 사랑할 수만 있으면 충분한 가치가 있습니다. 그런 생각, 하지 않으시면 좋겠어요."

위로의 차원에서 드린 말씀이 아닙니다. 이는 생명에 관한 진리입니다. 불신앙적 세상은 생명을 도구로 바꾸어 놓고 쓸모없는 생명은 폐기 처분해야 한다고 우리를 속이고 있습니다. 복음은 그렇게 말하지 않습니다. 생명은 그것 자체로서 절대적

가치를 지닌다고 말합니다. 인생은 사랑받고 사랑하는 것이라고 가르칩니다. 사랑받고 사랑할 수만 있으면 살아 있는 것이고 또한 살아갈 이유가 있습니다. 그렇게 사는 것이 이 땅에서 영생을 누리는 것입니다. 하나님 나라는 그 사랑이 완성되는 곳입니다. 그것이 하나님의 '한결같은 사랑'(헤세드, 아가페)입니다.

어느 목사님에게 들은 이야기입니다. 신학대학원에서 공부할 때 만난 한 교수님은 아침에 일어날 때마다 "하나님, 나를 불필요한 존재로 만들어 주셔서 감사합니다"라고 기도한다고 했습니다. 왜 그렇게 기도하느냐는 질문에 그분이 대답하십니다. "하나님은 내가 필요해서 사랑하시는 것이 아니라 내가 아무런 쓸모가 없어도 여전히 사랑하신다는 사실을 나 자신에게 상기시키려고 그럽니다." 우리의 상황에 상관없이 나를 사랑하시는 하나님에 대한 멋진 고백입니다.

이것이 성취를 목적으로 두고 자신과 이웃을 죽음의 길로 몰아가고 있는 이 사회에 우리가 전해야 하는 복음입니다. 생명을 도구화시켜 결국 모두의 생명을 값싸게 만드는 세상의 경향에 맞서 '선한 싸움'을 싸워야 합니다. 그것이 우리에게 맡겨진 거룩한 책임입니다. 그 책임을 다하기 위해 먼저 우리 자신부터 생명에 대한 거룩한 존중심과 책임감을 다져야 합니다. 그러기 위해 우리를 조건 없이 사랑하시는 하나님을 만나야 합니다. 그리고 그분에게 사랑을 배워 사랑받고 사랑하는 일에 마음을 다해 살아야 합니다. 이렇게 영생을 누리며 또한 영생을 나누며 살아가는 것이 우리가 부름받은 이유입니다. 이것이 우리 시대의 아픔에 대한 가장 좋은 처방입니다.

묵상과 나눔을 위하여

1. 내 생명이 나의 것이 아닌 두 가지 이유를 생각해 봅시다. 왜 우리는 이 진실을 자꾸 잊을까요? 내 인생을 나의 것으로 착각하게 만드는 거짓말에 대해 생각해 봅시다.

2. 인생의 목적을, 성공을 향한 분투로부터 사랑을 향한 열정으로 변화되게 하려면 어떻게 해야 할까요?

3. 영생의 의미를 생각해 봅시다. 지금 당신은 영생을 누리고 있습니까?

2부

용서하고 용서받기

"용서는 사랑할 줄 모르는 사람들 사이에서 사랑을 실천하는 것을 말한다. 엄연한 진실은 우리 모두가 사랑할 줄 모른다는 것이다. 그래서 우리는 매일, 매시간, 점점 더 용서하고, 용서받아야 하는 존재들이다."

— 헨리 나우웬

매듭

길에서 주운 굵은 밧줄
군데군데 매듭이 묶여 있다
누가 왜 이렇게
단단히 묶어 놓았을까
아무리 밀고 빼도 풀리지 않는다

하는 수 없어서
쓰레기통에 던져 넣고 보니
꼭 내 마음 같아서
다시 꺼낸다

풀지 못한 매듭들로 인해
쓸모없어진 밧줄은
오늘도 창고 한구석에
처연히 놓여 있다

창고를 열 때마다
그 밧줄은
자신을 풀어 달라고
눈빛으로 호소한다

그래야지
마음으로 응답하지만
오늘도 그냥 문을 닫는다

3장

○

사 랑 이

길 이 다

용서는 어렵다

앞에서 저는 우리 모두가 아픈 사람들이라는 사실을 생각해 보았습니다. 우리는 모두 상처받은 사람들이라는 것, 상처 입는 것은 인생이라는 꾸러미에 필수 요소라는 것, 그렇기에 누구와 관계를 맺든 그 사람의 상처를 보려고 노력해야 한다는 것, 또한 우리 자신의 상처를 들여다보아야 한다는 것, 그리고 우리의 상처를 하나님 앞에 그리고 형제자매 앞에 내보일 수 있어야 한다고 했습니다. 그래서 헨리 나우웬(Henri Nouwen)은 숨겨진 상처를 알기 전까지는 한 사람을 제대로 알 수 없다고 했고, 자신의 상처를 내보이는 것은 상대방에 대한 신뢰와 존경의 증거라고 했습니다.

우리 모두가 아픈 이유는 상처 때문입니다. 육신의 질병은 때로 목숨을 위협하지만 치료를 받으면 잊을 수 있습니다. 반면 마음의 상처는 쉽게 치료되지도 않고 치료되었다고 해도 잊히지 않습니다.

상처는 관계 속에서 만들어집니다. 그렇기에 내 선에서 시도하는 방법으로 다 해결되지 않는 경우가 많습니다. 자신의 상처를 정직하게 대면하여 때로 심하게 무너져 내려 울고 또한 하나님 앞에 그리고 믿음의 형제자매 앞에 자신의 상처를 열어 보이는 것만으로 충분하지 않은 경우가 있다는 것입니다. 상처를 만들어 내는 온상인 관계 문제가 해결되지 않으면 상처는 치유되기 어렵고 치유된다 해도 다시 상처를 받을 수밖에 없습니다.

상처를 만들어 낼 수밖에 없는 어그러진 관계를 고치는 것을 우리는 '용서'라고 부르고 고쳐진 상태를 '화해'라고 부릅니다. 용서는 어그러진 관계를 고치는 첫 단계고, 화해는 그 단계의 완성이라고 할 수 있습니다. 즉 용서는 화해를 향한 첫걸음이고, 화해는 용서의 완성입니다. 용서는 내 마음에서 시작하지만 화해는 상처를 준 상대와의 관계에서 이루어져야 합니다. 용서를 거쳐 화해의 단계까지 가야만 상처는 제대로 봉합되고 더 이상의 상처가 만들어지지 않습니다.

문제는 용서가 쉽지 않다는 데 있습니다. 혹시 용서가 쉬웠다고 생각하는 사람이 있다면, 그동안 용서하기 어려울 정도로 심한 상처를 받아 본 적이 없거나, 감정에 어떤 문제가 생겨서 분노를 느끼지 못하는 사람이거나, 둘 중 하나일 것입니다. 보통의 인간 심성을 지니고 있는 사람이라면 인생 여정에서 때로 심한 상처를 받게 마련이고, 그래서 용서의 문제로 씨름하게 되어 있습니다.

용서가 그렇게 어려운데도 왜 우리는 용서하지 못해서 괴로움을 겪습니까? 용서 안 하고 살면 편할 것 같은데, 왜 그렇게 하지 못하는 겁니까? 상처 때문에 마음에 품은 분노는 자신의 삶을 지옥으로 만들어 놓기 때문입니다. '분노' 혹은 '앙심'을 뜻하는 영어 단어 'resentment'는 '다시'라는 뜻의 're'와 '느끼다'라는 뜻의 'sentment'가 합해진 단어입니다. 과거에 받은 상처를 돌아보면서 거듭거듭 느끼는 것이 분노요 앙심입니다. 이미 지나간 과거를 끊임없이 현재의 사건으로 만드는 어리석은 행동입니다.

누가 그렇게 만드는 것이 아닙니다. 스스로 그렇게 하는 것입니다. 스스로에게 형벌을 가하는 것이지요. 그래서 견디기 어렵습니다. 이는 마치 스스로를 결박하고 고문을 가하는 것과 같습니다. 만약 감정의 굴레에서 벗어나기 원한다면 용서하고 화해하는 것 외에는 다른 길이 없습니다. 그런데 그것이 어렵습니다. 해도 해도 안 될 때가 있습니다. 그러니 괴롭습니다.

때로 분노를 생의 에너지로 삼고 사는 사람들이 있습니다. 분노를 품지 않고는 살 수 없는 사람들이 있습니다. 주변에서 가끔 이런 사람들을 만납니다. 정신분석학자들에 따르면, 상처가 정도 이상으로 깊으면 스스로를 피해자로 규정하고는 자기 연민의 감정을 생의 에너지로 삼는다고 하지요. 그래서 항상 미워할 대상을 찾습니다. 그래야만 자신이 상처를 입었다고, 자신이 희생자라고 느끼기 때문입니다.

이런 사람과 잘못 엮이면 공연히 혹은 정도 이상으로 미움을 받게 됩니다. 이런 사람들은 용서의 필요성을 느끼지 못합니다. 분노와 앙심을 즐기기 때문입니다. 이런 사람들은 전문가의 도움을 받아야 합니다. 그렇지 않으면 자신과 사랑하는 사람들을 끊임없이 불행하게 만듭니다. 하지만 이런 사람들일수록 자신이 정상이라고 생각하는 경향이 있습니다. 이런 사람과 얽히지 않는 것이 최선이지만, 인생이 꼭 그렇게 되지는 않습니다.

다행히도 그렇게 문제가 심각한 사람들은 많지 않습니다. 대다수의 사람들은 분노를 품고 사는 것을 오래도록 견디지 못합니다. 어떻게든 청산하고 싶어 합니다. 그런데 용서가 쉽지 않습니다.

잃어버린 용서의 능력

왜 그럴까요? 왜 용서는 이토록 힘이 들까요? 그것은 용서가 우리의 타락한 본성의 방향을 거스르는 일이기 때문입니다. 하나님은 당신의 성품을 따라 우리를 지으셨습니다. 그래서 우리는 원래 하나님처럼 조건 없이, 제한 없이 용서하는 성품을 부여받았습니다. 타락하기 전에 인간은 서로에게 상처 줄 가능성도 없었지만, 상처를 받았다고 해도 얼마든지 용서할 수 있었습니다. 그것이 하나님의 성품이고 우리에게 부여하신 그분의 형상입니다. 그런데 인간은 하나님을 떠났고 그로 말미암아 하나님의 성품을 상실했습니다. 그 결과, 우리는 용서가 가장 어려운 사람들이 되어 버렸습니다.

예수님은 용서에 대해 자주 말씀하셨습니다. 그만큼 중요한 사안이기 때문입니다. 그런데 그중에는 우리로서는 도저히 행할 수 없어 보이는 말씀도 있습니다. 원수에 대한 말씀이 그 예입니다.

> 너희 원수를 사랑하고, 너희를 박해하는 사람을 위하여 기도하여라. (마 5:44)

원수를 사랑하라는 말은 '옥시모론'(oxymoron), 즉 어폐가 있습니다. '원수'라는 단어 자체가 사랑할 수 없는 사람을 의미합니다. 사랑할 수 없는 사람까지 사랑하라? 이는 '원수가 없게 하라'는 뜻입니다. 인간의 본성을 부정하는 말이지요. 타락한 본성을 가진 사람으로서는 누구도 할 수 없는 일입니다.

또 다른 예는 베드로와 주고받은 대화에서 나옵니다. 예수님이 용서에 대해 말씀하시자 베드로가 묻습니다.

> 주님, 내 형제가 나에게 자꾸 죄를 지으면, 내가 몇 번이나 용서해 주어야 합니까? 일곱 번까지 하여야 합니까? (마 18:21)

당시 바리새파 사람들은 동일한 사람의 동일한 잘못을 세 번 용서해 주면 충분하다고 가르쳤습니다. 그런 상황에서 베드로는 일곱이라는 수를 제시합니다. 일곱은 완전수입니다. 바리새파 사람들이 세시했던 수의 배수에 하나를 더한 수입니다. 베드로는 그만하면 충분히 "썼다"고 생각한 것입니다. 그런데 예수님이 이렇게 대답하십니다.

> 일곱 번만이 아니라, 일흔 번을 일곱 번이라도 하여야 한다.
> (마 18:22)

산술적으로 하자면 490번을 용서하라는 뜻입니다. 어떤 사람이 당신에게 490번이나 거듭하여 상처를 줄 수 있겠습니까? 배우자 사이에서나 가능할까요? 혹은 말썽 부리는 자식이 그럴까요? 그런 관계라고 해도 490번에 이를 정도로 거듭 상처를 주기란 불가능합니다. 그러니까 이 말씀은 한없이, 끝없이, 무한정으로 용서하라는 뜻입니다. 490번에 이르기까지 참으라는 뜻이 아닙니다. 거듭거듭 용서하라는 뜻입니다.

예수님의 현실 감각이 매우 떨어진다고 느껴집니까? 혹은 예수님이 인간을 너무 과대평가했다고 생각하지 않습니까? 한 사람이 거듭 잘못할 때 당신은 몇 번 용서합니까? 그런 경우에 우리가 뭐라고 말합니까? "한 번만 더 그래 봐? 두 번 다시 용서하지 않겠어!" 말버릇은 우리의 잠재된 사고방식을 드러냅니다. 이 말버릇에서 보는 것처럼, 우리는 기껏해야 한 번 용서할 수 있는 사람들입니다. 그 한 번조차도 용서 못하는 사람들이 더 많습니다.

그렇다면 왜 예수님은 이렇게 현실성 없는 말씀을 하셨을까요?
정말 우리 중에 그럴 사람이 있을 거라고 믿으셨을까요?

요한복음에서 예수님은 "사람의 마음속에 있는 것까지도
알고 계셨[다]"고 말합니다(요 2:25). 그런 주님이 인간을
과대평가하셨을 리도 없고 현실감각을 상실하셨을 리도
없습니다. 주님이 이렇게 말씀하신 이유는 다른 데 있습니다.
즉 우리 인간이 그 정도로 용서하고 사랑할 수 있는 존재로
지어졌다는 사실, 그런데 지금은 그것에 비해 너무도 초라하게
타락했다는 사실, 그래서 새로 지어지지 않으면 소망이 없다는
사실을 전하려는 것이었습니다. 이 말씀에서 우리는 왜 우리에게
용서가 그토록 어려운지를 깨닫습니다.

용서하기에도, 미워하기에도

용서가 우리에게 그토록 어려운 이유는 사랑의 본체이신
하나님을 떠났기 때문입니다. 용서하지 않고 사는 것을 견디기
힘들어하는 이유는 우리가 원래 증오심과 원한과 분노를
품고서는 살 수 없는 존재로 지어졌기 때문입니다. 사랑하고
사랑받는 존재로 지어졌기에 미움을 품고서는 행복할 수 없는
것입니다. 그것이 하나님이 우리를 지어 놓으신 모습입니다.

그런데 사랑의 본체이신 하나님을 떠남으로써 우리의 본성이
깨어졌습니다. 그래서 용서하는 것이 힘들어졌습니다. 이것이
인간의 역설적이고 모순적인 상황입니다. 용서하는 것에도,
용서하지 않는 것에도 너무나 약한 것이 바로 우리입니다.

반복하지만, 우리 인간은 사랑으로 그리고 사랑을 위해 지어졌습니다. 그래서 우리 내면에는 사랑으로만 채워져야 할 공간이 있습니다. 그 공간에 사랑이 채워지지 않으면 두려움이 자리를 잡습니다. 사랑받지 못할 것에 대한 두려움 그리고 사랑받지 못한 것에 대한 분노가 자리를 잡는 것입니다. 그래서 사도 요한은 이렇게 말했습니다.

> 사랑에는 두려움이 없습니다. 완전한 사랑은 두려움을 내쫓습니다. 두려움은 징벌과 관련이 있습니다. 두려워하는 사람은 아직 사랑을 완성하지 못한 사람입니다. (요일 4:18)

인간은 누구나 예외 없이 내면 깊은 곳에 원인을 알 수 없는 두려움의 감정을 품고 태어납니다. 그것이 하나님을 떠난 원죄의 주요 증상 중 하나입니다. 의사들은 신생아가 태어나면서 울음을 터뜨리는 것은 자연스러운 생리적 현상이라고 설명합니다만, 그것은 어찌 보면 실존적 불안의 표시라고 할 수 있습니다. 갓 태어난 아이의 모습을 생각해 보십시오. 그처럼 연약한 존재가 또 어디에 있습니까? 그토록 연약한 모습으로 세상에 나왔으니 두렵지 않을 수가 없습니다.

아이에게 어릴 때부터 부모의 무조건적인 사랑이 절대적으로 필요한 이유가 여기에 있습니다. 어느 정도 자라기 전까지 아이에게는 부모 그리고 가족이 세상의 전부입니다. "으앙!" 하고 울음을 터뜨리고 나온 아기에게 "이 세상은 그토록 위험한 곳이 아니란다. 우리는 너를 사랑한단다. 어떤 위험이 와도 우리가 너를 지켜 줄 것이고 우리가 늘 네 곁에 있을 것이란다"라는 메시지를 끊임없이 들려주어야 합니다. 만일 부모에게 환영받지 못하면 그 아이는 이 세상이 자신에게 악의를 가지고 있다고 생각하게 됩니다.

부모가 되어 자식에게 해 줄 일이 참 많습니다. 많은 부모들이 공부 잘 시켜서 좋은 대학에 가게 하고 출세하게 하는 것이 제일 큰 책임이라고 생각하는 경향이 있습니다. 하지만 세상적으로 큰 성공을 거두고서도 불행하게 사는 사람들은 많습니다. 그 내면의 자리는 세상적 성공과 성취로써 채워지지 않기 때문입니다. 부모로서 자식에게 해 주어야 할 가장 중요한 일은 조건 없이 사랑받고 자라게 해 주는 것입니다. 그런 사람은 어떤 일을 해도, 어떤 상황에서도 행복할 수 있습니다.

사랑인가, 누려움인가

사랑을 충분히 받지 못하고 자라면 내면에 자리 잡고 있는 두려움이 그 사람을 지배하기도 합니다. 사랑받지 못할 것에 대한 두려움, 거부당할 것에 대한 두려움, 인정받지 못할 것에 대한 두려움, 자존감이 손상될 것에 대한 두려움, 무시당할 것에 대한 두려움, 버림받을 것에 대한 두려움…. 이런 것들이 그 사람의 생각과 말과 행동을 지배하는 것입니다. 무조건적으로 자신을 받아들이고 사랑해 주는 사람을 만난 적이 없기에 자신을 받아 주지 않을 것이라는 두려움에 사로잡혀 살아갑니다.

이런 사람들은 상처를 쉽게 받고 잘 용서하지 못합니다. 잠을 설치고 난 다음 날 컨디션이 좋지 않아서 쉽게 짜증을 내는 것과 같습니다. 마음에 깊이 뿌리내린 두려움 때문에 작은 일에도 크게 그리고 쉽게 상처받습니다. 다른 사람들은 쉽게 넘어갈 수 있는 문제에 심하게 걸려 넘어집니다. 그러고는 그것에 대해 분노를 불태웁니다. 그 불이 자신을 태우고 있다는 사실을 알면서도 용서하지 못합니다. 용서하면 무시당하지나 않을까 두렵기 때문입니다.

우리의 마음은 여러 겹이어서 용서하지 못하고 씨름할 때, 용서해서는 안 되는 그럴듯한 여러 이유를 제기합니다. "내가 용서하지 않는 것은 그 사람을 위해서야. 그는 마땅한 대가를 치러야 해. 그리고 이번 기회에 그 문제를 고쳐야 해. 나와 같은 피해자가 또 나오지 않게 하려면 이렇게 하는 수밖에 없어."

이와 같은 내면의 음성에 솔깃해져서 분노의 응어리를 움켜쥐고 삽니다. 정말 필요한 것은 용서가 아니라 정의라고 생각하는 것이지요. 정의를 실현하기 위해서는 분노를 풀어서는 안 된다고 생각합니다. 용서는 정의를 위반하는 것이고 외면하는 것이라고 생각합니다.

하지만 정의와 용서는 '반대' 개념이 아니라 '다른' 개념입니다. 만일 반대 개념이라면 나에게 상처를 준 사람이 정의의 심판을 받는 것을 볼 때 분노가 풀려야 하지 않습니까? 그런데 나에게 상처를 준 사람이 정의의 심판을 받는 것을 보더라도 마음의 응어리는 해결되지 않습니다. 아들을 살해한 살인범이 사형을 당했다는 소식을 전해 들은 한 부모는 뭔가를 잃어버린 듯한 공허감을 느꼈다고 말합니다. 그것은 오직 용서로만 해결될 수 있습니다. 그렇기에 용서한다는 것은 정의를 무시하거나 거부하는 것이 아닙니다. 정의를 넘어서는 것입니다.

    정의의 심판을 받아 변화되는 사람은 별로 없습니다. 하지만 용서받은 결과로 변화된 사람들의 예는 수도 없이 많습니다. 그리고 그 변화는 상처를 준 그 사람에게 일어나기 전에 용서하는 당사자에게 일어납니다. 공자는 "복수를 위해 떠나기 전에 두 개의 무덤을 준비해야 한다"고 말했습니다. 복수는 나에게 피해를 입힌 사람만 죽이는 것이 아니라 복수하는 나 자신도 죽이는 일이기 때문입니다. 반면, 용서는 모두를 살게 하는 능력입니다. 정의가 할 일과 용서가 할 일이 서로 다르다는 뜻입니다.

    바로 이런 까닭에 사랑받고 사랑하는 것이 우리 인생에서 가장 중요한 일입니다. 사랑받아 본 사람만이 사랑할 줄 알고, 용서받아 본 사람만이 용서할 줄 알기 때문입니다. 사랑으로 자녀를 키우는 일은 이 세상을 위해 할 수 있는 가장 큰 공헌입니다. 반면, 사랑할 줄 모르는 아이로 키우는 것이 이 세상에 끼칠 수 있는 가장 큰 해입니다. 세상에 대한 두려움에 사로잡혀 내면에 분노를 쌓으며 사는 사람은 시한폭탄과 같은 존재이기 때문입니다.

하나님의 사랑받는 자
제 어머니는 십자가에서 드러난 무조건적이고 무제한적인 사랑을 당신의 일생을 통해 보여 주셨습니다. 알고 보니, 그렇지 않은 어머니들도 많이 있더군요. 앞에서 언급한 브레넌 매닝은 어릴 때 매정한 어머니에게서 받은 학대 때문에 사제가 되고 나서도 알코올 중독에서 완전히 벗어나지 못했습니다. 다행히 말년에 이르러 어머니를 용서했습니다만, 일평생 어머니는 그에게 아픈 상처였습니다.

제 어머니처럼 아낌없이 사랑하신 분에게서 자란 사람이든, 브레넌 매닝처럼 학대하는 어머니에게서 자란 사람이든, 누구나 경험해야 하고 또한 경험할 수 있는 사랑이 있습니다. 십자가에서 드러난 하나님의 사랑이 그것입니다. 어머니의 사랑이 아무리 하나님의 사랑을 닮았다 한들 그것만으로는 우리 내면의 두려움을 완전히 치료할 수 없습니다.

우리 내면의 두려움을 근원적으로 치료받고 빈자리를 채우기 위해서는 십자가에서 부딪쳐야 합니다. 십자가에서 드러난 그 뜨거운 사랑, 그 시뻘건 사랑, 그 치열한 사랑에 부딪쳐야 합니다. 그럴 때 하나님의 무조건적이고 무제한적인 사랑이 우리 내면의 빈자리를 채우게 됩니다. 그 사랑이 우리 마음에 들어오면 두려움이 사라집니다. 이 세상이 나를 어떻게 평가하고 어떤 말을 하더라도 하나님은 나를 사랑하신다는 사실을 알기 때문입니다. 온 세상을 창조하신 하나님이 나를 사랑하고 지지하시는데, 다른 무엇이 문제가 되겠습니까?

자기 자신에게 눈을 고정시키고 있는 한, 이 사실은 믿어지지 않습니다. 하나님이 우리를 사랑하시는 이유는 우리에게 그럴 만한 자격이 있어서가 아니기 때문입니다. 그분이 사랑하는 분이시기에, 사랑밖에는 할 줄 모르는 분이시기에, 요한 사도의 말씀처럼 하나님은 사랑 자체이시기에, 나 같은 것까지도 사랑하시는 것입니다. 무조건적으로 그리고 무제한적으로 말입니다. 십자가는 그것을 믿으라고 주신 증거입니다. 십자가가 증명하는 하나님의 사랑은 우리에게 너무도 낯선, 이유 없는, 자격 없는, 도무지 이해할 수 없는 사랑입니다.

그 사랑이 내 마음의 빈자리를 채우고 나면, '하나님께 사랑받는 자'라는 한 가지 사실이 자존감의 충분한 근거가 됩니다. 나의 자존심을 받치고 있던 다른 모든 근거는 '하나님의 사랑받는 자'라는 절대적 근거로 말미암아 빛을 잃어버립니다. 또한 웬만해서는 상처를 받지 않는 사람이 되고 용서할 수 있는 능력이 커집니다.

흔히 자존감의 근거로 삼는 것들이 있습니다. 탁월한 지능일 수도 있고, 외모 혹은 건강일 수도 있습니다. 모아 놓은 돈이나 재산일 수도 있습니다. 사회적으로 존경받는 지위 혹은 잘나가는 자식들일 수도 있습니다. 혹시 이런 것들에 근거하여 자존심을 지탱하며 살고 있다면, 앞으로 상처받을 일이 적지 않을 것입니다. 이런 것들이 없어서 낮은 자존감으로 벌벌 떨며 살아온 사람들은 그 때문에 더 자주 상처를 받고 고통을 받았을 것입니다.

예수님을 믿는다는 것은 그분 안에서 이 모든 자존감의 근거들을 내려놓는 것을 의미합니다. 그런 것이 있어서 우쭐했다면 십자가 앞에서 낮아져야 합니다. 그런 것이 없어서 주눅 들어 살았다면 십자가 앞에서 기를 펴야 합니다. 십자가 앞에 제대로 서면 그 모든 것이 얼마나 덧없는지 알게 되고 저절로 내려놓게 됩니다. 그러고는 오직 하나, '하나님의 사랑받는 자'라는 사실 위에 자존감을 다시 세우게 됩니다.

바로 그것이 바울 사도가 빌립보서에서 고백한 내용입니다. 그는 당시 유대인들이 자랑할 수 있는 모든 스펙(좋은 가문, 좋은 학벌, 좋은 신분, 좋은 업적 등)을 가지고 있었습니다. 부활하신 주님을 만나기 전까지 그는 그것들 위에 자존감을 세우고 살았습니다. 하지만 다마스쿠스 도상에서 예수님을 만난 후에는 그 모든 것을 '똥처럼' 여겼다고 했습니다(빌 3:8). 전에는 그 모든 것을 자신에게 유익한 것이라고 생각했는데, 예수님을 만난 후에는 "해로운 것"(7절)으로 여겼습니다. 과거에 자존감의 근거로 여겼던 모든 것을 내려놓은 것입니다. 그리고 그는 십자가에서 드러난 하나님의 영원한 사랑 위에 자신의 자존감을 다시 세웠습니다.

십자가에서 드러난 그 사랑은 누구든 가질 수 있습니다. 그 사랑은 영원히 흔들리지 않습니다. 그 사랑은 누구도 상처 낼 수 없습니다. 그리고 그 사랑은 이 세상 그 무엇으로도 대치할 수 없습니다. 그렇기에 그 사랑을 제대로 안다면 그것으로 충분하다는 것을 알게 됩니다. 그래서 헨리 나우웬은 세례받을 때 예수님이 들으신 음성, 즉 "너는 내 사랑하는 아들이다. 내가 너를 좋아한다"(막 1:11)라는 음성을 누구나 들어야 한다고 말합니다. 그리고 죽을 때까지 그 음성을 반복하여 자신에게 들려주어야 한다고 말합니다. 그것이 우리 인생에서 가장 중요한 진실이기 때문입니다.

그러면 아무것도 문제되지 않습니다. 온 세상 사람들이 들고일어나 나를 비난해도, 돌아서서 하나님의 사랑을 기억하면 버텨 낼 수 있습니다. 나 스스로 도무지 인정할 수 없는 행동을 했다고 해도 나를 향한 하나님의 사랑을 생각하면 나 자신을 용서할 수 있습니다. 나 자신을 용서할 수 있기에 나에게 상처 준 사람들도 용서할 수 있습니다. 전에는 '어쩌면 그럴 수 있느냐?'고 생각했는데, 이제는 '그럴 수도 있지'라고 생각하며 용서하게 되는 것입니다.

그래도 괜찮아

먼저 섬기던 교회의 어느 교우 이야기가 생각납니다. 그분은 바른 신앙인으로 살기 위해 매우 노력하는 분입니다. 어느 날 그분이 심각한 표정을 하고서는 저를 찾아오셨습니다. 직장에서 아주 중요한 위기를 만났는데, 한순간이었지만 비겁하게 자신의 책임을 회피하려 했다고 했습니다. 신앙인들이 그렇게 행동하는 것을 가장 혐오했었는데, 막상 자신이 그런 상황에 처하자 그렇게 행동하게 되더라는 것입니다. 잠시 후에 정신을 차리고는 홀로 한참을 울었다고 합니다. 육십 평생 갈고닦아 온 자신의 믿음이 겨우 이 정도밖에 되지 않나 싶어 심하게 절망했다는 것입니다.

그분께 말씀드렸습니다. 우리가 거룩하고 바르게 살기 위해 노력해야 하는 것은 맞지만 그것이 우리의 의가 되어서는 안 된다고 말입니다. 우리는 언제든지 깨어지고 무너질 수 있는 연약한 존재라는 사실을 잊지 말라고 말씀드렸습니다. 그것을 인정하라고 권면해 드렸습니다.

그렇습니다. 하나님은 우리를 거룩한 삶으로 부르셨지만 그 성적에 따라 우리를 대하시지 않습니다. 우리가 아직 죄인으로 있을 때부터 우리를 사랑하셨고 우리가 거룩하게 살기 위해 분투할 때도 사랑하시며 때로 심하게 넘어질 때도 사랑하십니다. 우리가 어떻게 하든, 우리에게 어떤 일이 일어나든, '하나님의 사랑받는 자'라는 우리의 정체성은 변하지 않습니다.

그것을 안다면, 우리는 때로 심하게 넘어져도 "괜찮아! 다시 일어나!"라는 하나님의 부드러운 음성을 들을 수 있습니다. 그 음성을 듣는 사람만이, 때로 심하게 무너질 때 자기 자신을 용서할 수 있습니다. 우리가 잘못해도 괜찮다는 뜻이 아닙니다. 우리는 그렇게 연약한 그릇이라는 뜻입니다. 우리 모두는 이미 수없이 깨어진 그릇들입니다. 그럼에도 하나님이 우리를 받아 주셨고 사랑해 주십니다.

그러므로 기억하십시오. 당신은 '하나님의 사랑받는 자'입니다. 당신 자신에게는 그럴 만한 자격이 전혀 없지만, 당신은 그분의 영원한 사랑 안에 거하게 되었습니다. 당신 자신이 자신을 어떻게 보든, 다른 사람들이 당신을 어떻게 평가하든, 하나님께는 무조건적으로 사랑받는 사람임을 기억하시기 바랍니다.

또한 기억하십시오. 당신 곁에 있는 사람도 '하나님의 사랑받는 자'입니다. 당신에게 상처를 준 그 사람도, 당신이 상처를 준 그 사람도, 때로 원수 같은 그 사람도 '하나님의 사랑받는 자'입니다.

하나님이 그를 창조하셨고, 주님이 그를 위해 돌아가셨고, 성령님이 그 사람과 같이 계십니다. 그런데 내가 누구기에 그 사람을 미워할 수 있다는 말입니까?

그 눈으로 자신을 보고 이웃을 보십시오. 그러면 용서의 능력이 자랄 것입니다. 하나님에게서 이미 받은 용서를 생각하고, 알게 모르게 다른 사람에게서 받은 은혜를 생각하면 나 역시 다른 사람에게 너그러워질 수 있습니다. 그렇게 살아갈 때 상처를 주고받는 일이 훨씬 줄어들 것이고, 설사 상처를 받아도 그 매듭을 풀 수 있을 것입니다.

묵상과 나눔을 위하여

1. 지금 당신을 아프게 하는 상처가 있습니까? 그 상처를 준 사람을 생각해 보십시오. 그 사람도 아픈 사람임을 생각해 보십시오. 그리고 그를 위해 기도해 보십시오.

2. 당신의 정체성과 자존감의 근거는 무엇입니까? '하나님의 사랑받는 자'라는 사실은 당신에게 얼마나 중요한 역할을 하고 있습니까?

3. 당신은 당신 자신을 얼마나 용서하고 삽니까? 자신을 용서하기 어려울 때는 언제입니까? 왜 그렇습니까?

4장

○

용서하기보다

어려운 것

나는 피해자일 뿐인가

앞 장에서 우리는 '용서하기'에 대해 생각해 보았습니다. 우리는 하나님의 형상으로 지어진 존재들이기에 분노와 미움을 무한정 품고 살 수 없는데, 우리의 존재 깊이 물들어 있는 죄성으로 말미암아 그 분노와 미움을 쉽게 풀지도 못하는 모순 상태에 있다고 했습니다. 깨어진 세상에서 상처 입은 사람들과 함께 살아가야 하기에 용서는 생의 필수 과제인데, 때로 우리는 용서에 너무 무능합니다. 그 무능력의 뿌리에는 두려움이 있습니다. 우리의 내면에 도사리고 있는 그 두려움 때문에 용서는 우리에게 매우 어려운 일이 되어 버렸습니다.

두려움은 오직 사랑으로만 다스릴 수 있습니다. 부모에게서 무조건적 사랑을 받으며 자라는 것이 그래서 중요하고, 든든하고 따뜻한 사랑의 관계 안에서 사는 것이 그래서 중요합니다. 그리고 그 두려움을 근원적으로 해결하기 위해서는 십자가에서 드러난 하나님의 무조건적이고 무제한적인 사랑을 경험해야 합니다. 인간이 줄 수 있는 사랑이 치유하기에는 그 두려움은 너무도 크고 집요하기 때문입니다. 그래서 용서는 우리에게 너무 어려운 일이 되었습니다.

그런데 용서하는 것보다 더 어려운 일이 있습니다. 용서를 구하는 것, 다시 말하면 사과하는 것입니다. 용서받는 것에 비하면 용서하는 것은 차라리 쉽습니다.

저는 상처와 용서에 대한 책들을 많이 가지고 있습니다. 흥미로운 점은 그 책들이 대부분 '용서하는' 것을 다루고 있다는 사실입니다. 왜 그럴까요?

여러 이유가 있겠지만, 가장 중요한 이유는 우리 모두가 피해자 의식을 가지고 살기 때문 아닐까요? 다들 자신이 상처받은 사람이라고 생각하지, 상처 준 사람이라고는 생각하지 않습니다. 다들 자신을 잠 못 들게 한 사람만 생각하지, 자신이 누군가를 잠 못 들게 하고 있을지도 모른다는 사실은 인정하지 못합니다. 다들 용서하지 못하는 문제로 씨름하고 있을 뿐, 사과해야 할 일로 씨름하는 사람은 별로 없습니다. 그러니까 용서하는 문제에 대한 책은 잘 팔리는데, 용서를 구하고 용서를 받는 문제에 대해 쓴 책은 인기가 없는 것입니다.

자신이 다른 사람에게 준 상처를 인정하려 하지 않고, 인정한다

해도 용서를 구하는 일에 무능한 이유는 자기중심성이라는 질병 때문입니다. 이 질병 역시 우리 내면에 똬리를 틀고 있는 두려움의 감정이 만들어 내는 것입니다. 다른 사람들에게 자신이 부정당할 것 같고 무시당할 것 같고 거부당할 것 같은 두려움 때문에 자기중심적으로 생각하고 판단하고 행동합니다. 자기가 불리하다고 느껴질 때면 거짓말을 꾸며 내기도 하고 상대방에게 죄를 뒤집어씌우기도 합니다. 그런 행동이 반복되다 보면 그것이 그 사람의 행동 패턴이 되어 버립니다. 그러면 절대로 사과할 줄 모르는 사람이 되어 버립니다.

얼마 전, 도널드 트럼프 대통령이 코미디언 지미 팰런(Jimmy Fallon)의 말을 인용하여 화제가 되었습니다. "나는 절대로 사과하지 않는다. 나는 절대로 잘못하지 않기 때문이다"(I never apologize because I never do wrong).

농담처럼 한 말이지만 실은 그 사람의 사고방식을 드러내는 말입니다. 자아가 강하고 큰 사람일수록 자신의 잘못을 인정하지 못합니다. 정반대로 자존감이 심하게 망가진 사람도 역시 사과하는 데 어려움을 겪습니다. 우리의 병든 자아는 자신의 잘못을 인정하는 것을 지는 것 혹은 죽는 것으로 여기기 때문입니다. 그렇기에 잘못한 것이 뻔한데도 변명을 하거나 거짓말로 둘러댑니다. 그러고는 다른 사람을 공격하여 초점을 흐립니다. 이런 행태는 정치인들에게서 자주 볼 수 있습니다만, 실은 우리 일상에서도 자주 경험하는 일들입니다.

자신의 잘못을 인정하지 않으려는 경향이 심해지는 원인

가운데는 사회 분위기도 있습니다. 미국 사회에서는 "바늘 하나만 떨어져도 고소를 한다"는 말이 있습니다. 그만큼 잘못을 시인하는 것은 매우 위험한 일일 수 있다는 것입니다.

한국인들이 미국에 처음 가면 미국인들의 넘치는 감정 표현에 놀라곤 합니다. 별것도 아닌데 "Thank you!", "Excuse me!" 혹은 "I am sorry!"라고 말합니다. 한국에서는 지나가다가 어깨를 심하게 부딪쳐도 웬만해서는 그냥 지나갑니다. 좁은 땅에서 부대끼며 살다 보니 맷집이 생긴 것이지요. 미국에서 오래 살다가 한국에 방문하면 이런 것들이 매우 거슬립니다. 너무도 무례하게 느껴지기 때문입니다. 그런 것을 생각하면 미국 문화에서 배울 점이 많다는 생각도 듭니다.

그런데 막상 심각한 상황에 처하면 그렇게도 친절하게 "Excuse me!", "I am sorry!"를 뱉던 사람들이 입을 딱 다뭅니다. 그 말이 나중에 자신에게 불리한 법적 증거가 될 수 있기 때문입니다. 미국인들의 친절에는 분명한 제한선이 있다는 사실을 그제야 깨닫습니다. 때로는 잘못을 뒤집어씌우려 하기도 합니다. 돈 있는 사람들은 유능한 변호사를 사서 상황을 뒤집으려 합니다. 반면, 한국인들은 그런 상황에 처하면 자신이 잘못한 것이 없는데도 멋쩍은 미소를 지으며 "I am sorry!"라고 사과합니다. 그 때문에 나중에 낭패를 봅니다.

우리의 본성이 이렇게 자기중심적이고 우리가 사는 세상이 이렇게 살벌하기에 우리는 점점 사과할 줄 모르는 사람들이 되어 가고 있습니다. 잘못을 해 놓고 사과하지 않는 것 혹은 궤변으로 상대방에게 잘못을 뒤집어씌우는 것을 잘하는 일이라고 생각합니다. 자신의 잘못을 돌아보고 잘못을 인정하는 것은 연약함의 증거라고 생각합니다. 그렇게 연약해서는 이 세상에서 승리하고 성공할 수 없다고 생각합니다. 끊임없이 자신을 변호하고 다른 사람을 공격하는 것이 강한 것이며 성공하는 길이라고 생각합니다. 그런 까닭에 상처가 더 흔해지고 깊어지며, 그 상처는 치유되지 않은 채 더 깊어져 가고 있습니다.

두려움이 원인이다

예수님을 믿는다는 것은 바울 사도가 말한 대로 우리의 옛 사람을 그리스도와 함께 십자가에 못 박아 장사 지내고 그리스도와 함께 새사람으로 부활하는 것입니다. 그것은 억지로 되는 일이 아닙니다. 십자가에서 드러난 하나님의 사랑이 우리의 내면에 채워져서 병든 자아의 모태인 두려움이 치료되어야 합니다. 두려움을 사양분으로 삼고 활동하던 옛 자아가 점점 약해져서 결국 힘을 쓰지 못하게 되는 것입니다. 그렇게 되면 '하나님의 사랑받는 자'라는 새로운 정체성을 가진 자아가 자라나게 됩니다.

 하나님의 사랑 안에서 자신을 새롭게 발견한 사람은 두려움에서 자유해지기 때문에 자신의 잘못을 인정하기가 어렵지 않습니다. 반면, 두려움에 눌린 사람들은 자신의 작은 잘못 하나를 인정하는 순간 자신의 전부가 부정당할 것처럼 두려워합니다. 자존감이 약한 사람들이 대체로 이런 경향을 보입니다. 자존감이 약하다는 말은 두려움이 크다는 말입니다. 그런 사람들은 자신이 부정당할 것 같은 두려움이 너무 커서 아주 사소한 잘못 하나도 인정하지 못합니다.

실력 있는 교수는 자신이 모르는 문제를 만나면 선선히 모른다고 인정합니다. 이미 학생들에게 실력을 인정받았기에 어떤 점에서 무지가 드러난다 해도 자신의 전부가 부정당할지도 모른다고 두려워하지 않습니다. 그럴 경우, 모른다고 인정하는 태도 덕분에 그 교수는 더 존경받습니다. 하지만 실력이 없는 교수는 자신이 모르는 문제가 나올까 바들바들 떱니다. 그 하나의 무지 때문에 자신의 전부가 부정당할 것처럼 두려워하기 때문입니다. 그 불안감이 그 사람을 더 초라하게 만듭니다.

마찬가지입니다. 하나님의 사랑 안에 깊이 뿌리를 내린 사람은 자신이 거부당하고 부정당할 것을 두려워하지 않습니다. 온 우주의 주인이신 하나님이 인정하셨는데 누구를 두려워하겠습니까? 바울 사도가 고백한 그대로입니다.

> 그렇다면, 이런 일을 두고 우리가 무엇이라고 말할 수 있겠습니까? 하나님이 우리 편이시면, 누가 우리를 대적하겠습니까? 자기 아들을 아끼지 않으시고, 우리 모두를 위하여 내주신 분이, 어찌 그 아들과 함께 모든 것을 우리에게 선물로 거저 주지 않으시겠습니까? 하나님께서 택하신 사람들을, 누가 감히 고발하겠습니까? 의롭다 하시는 분이 하나님이신데, 누가 감히 그들을 정죄하겠습니까? 그리스도 예수는 죽으셨지만 오히려 살아나셔서 하나님의 오른쪽에 계시며, 우리를 위하여 대신

간구하여 주십시오. (롬 8:31-34)

이것이 예수 그리스도 안에서 새로 얻은 자존감의 근거입니다. 이렇게 믿음 안에서 영원한 자존감을 얻은 사람은 누가 자신의 어떤 점을 비판해도 크게 흔들리지 않습니다. 설사 그 비판이 정당하다 해도 그 약점이 자신의 전부가 아님을 알기 때문입니다. 또한 자신이 어떤 잘못을 했을 때 선선히 인정하고 용서를 구할 수 있습니다. 그 하나의 잘못이 자신의 전부가 아님을 알기 때문입니다. 하나님의 사랑받은 자로서의 자아상이 이런 든든한 믿음을 만들어 줍니다.

그뿐 아니라, '하나님의 사랑받는 자'라는 자아상을 가진 사람은 다른 사람에게 상처 주는 말과 행동을 잘 하지 않습니다. 자기중심성의 질병에서 벗어나 다른 사람을 배려하는 마음이 자라기 때문입니다. 다른 사람에게 상처를 주면서까지 자신을 보호하려는 두려움에서 벗어나는 것입니다. 그렇기에 다른 사람에게 상처 주지 않도록 노력하고, 때로 상처를 주었을 때는 그 상처를 치유하기 위해 기꺼이 자존심을 내려놓고 사과하며 용서를 구합니다. 이미 받은 하나님의 사랑이 그렇게 하도록 만들어 주는 것입니다.

예배보다 앞서야 하는 것

이 지점에서 이렇게 생각할 사람이 있을지 모릅니다. '맞습니다. 하나님의 사랑이 내 안에 살아 있으면 나도 다른 사람에게 상처 주는 버릇을 고칠 수 있을 것이고, 다른 사람에게 한 잘못을 시인하고 용서를 구할 수 있을 텐데, 아직 저는 그렇지 못합니다. 제게 하나님의 사랑이 부족하기 때문입니다.' 이 말이 사실일 수는 있으나 이를 핑계 삼아서는 안 됩니다. 우리 마음은 때로 얼마나 교활한지 모릅니다. 끊임없이 자신을 변호하고 핑계대면서 자기 욕망대로 말하고 행동할 기회와 구실을 찾습니다. 그리고 언제나 피할 길을 찾아냅니다. 그러면서 진리의 칼날을 피합니다.

예수님은 다른 사람에게 상처를 주는 것이 얼마나 심각한 문제인지를 강력하게 경고하셨습니다. 십계명의 여섯 번째 계명은 "살인하지 말라"는 것입니다. 형식적으로만 따지면 이 계명을 지키는 것은 어렵지 않습니다. 내 손으로 누군가의 목숨 줄을 끊어 놓지만 않으면 이 계명을 지켰다고 할 수 있습니다. 하지만 예수님은 이 계명에 대해 이렇게 말씀하십니다.

> 그러나 나는 너희에게 말한다. 자기 형제나 자매에게 성내는 사람은, 누구나 심판을 받는다. 자기 형제나 자매에게 얼간이라고 말하는 사람은, 누구나 공의회에 불려갈 것이요, 또 바보라고 말하는 사람은 지옥 불 속에 던져질 것이다. (마 5:22)

다른 사람의 마음에 상처를 주는 것도 살인의 일종이라는 뜻입니다. 요즘 '인격 살인'이라는 말을 자주 듣습니다. 사회에서 얼굴을 들고 살아갈 수 없도록 공개적인 망신을 주는 것을 말합니다. 그런 상황에 처하여 스스로 목숨을 취하는 경우가 많습니다. 살아 있는 것이 죽는 것보다 더 힘겨운 상황이 되었기에 그런 선택을 하는 것입니다. 그러니 인격 살인은 육체적인 살인보다 더 심각한 죄가 될 수 있습니다.

'영혼 살인'이라는 말도 자주 듣습니다. 어떤 행동으로 말미암아 한 사람의 영혼에 심각한 문제가 생겨서 온전한 인격으로 살아갈 수 없게 만든 경우에 이렇게 부릅니다. 육신의 목숨은 살아 있지만 영혼은 이미 죽은 것이나 다름없기 때문입니다. 성폭행이 전형적인 예입니다. 이런 일을 당하고 나면 자기 자신이 '사랑받을 가치가 없는 사람'이라는 생각이 든다고 하지요. 어린 나이일수록 이런 감정에 더 강하게 사로잡힌다고 합니다. 그렇기 때문에 이런 일을 당하고 나면 피해자 스스로도 자신의 몸을 소중히 여기지 못하는 경우가 생깁니다. 그러니 성폭행은 한 사람의 인생을 완전히 망가뜨리는 심각한 죄인 것입니다.

때로는 날카로운 말 한마디가 한 사람의 영혼을 죽일 수도 있습니다. 분노를 다스리지 못하고 다른 사람에게 던진 말이 그 사람의 마음에 꽂혀 평생토록 피를 흘리게 만드는 일이 허다합니다. 다른 사람에게 던진 차가운 눈빛이 그 사람의 뇌리에 남아 평생토록 잠 못 자게 만들 수도 있습니다. 상처 되는 말 한마디로 심장 질환을 얻어 고생하는 사람도 있고, 뚱뚱하다는 말 한마디에 거식증에 걸려 결국 세상을 떠난 사람도 있습니다.

인격 살인과 영혼 살인은 어찌 보면 목숨을 해치는 것보다 더 심각한 죄일 수 있습니다. 그런 의미에서 본다면, 우리 모두는 최소한 몇 번은 살인을 범한 죄인들입니다. 그래서 예수님은 이어 말씀하십니다.

> 그러므로 네가 제단에 제물을 드리려고 하다가, 네 형제나 자매가 네게 어떤 원한을 품고 있다는 생각이 나거든, 너는 그 제물을 제단 앞에 놓아두고, 먼저 가서 네 형제나 자매와 화해하여라. 그런 다음에 돌아와서 제물을 드려라. (마 5:23-24)

이 말씀에서 주목할 것이 있습니다. "네 형제나 자매가 네게 어떤 원한을 품고 있다는 생각이 나거든"이라는 말입니다. "네 형제나 자매가 네게 어떤 원한을 심어 준 것이 생각나거든"이라고 말하지 않으셨습니다. 내가 누구에게 받은 상처는 늘 기억 속에 살아 있는 법입니다. 반면, 내가 다른 사람에게 준 상처는 하나님 앞에서 정직하게 자신을 돌아보아야만 생각이 나고 또한 인정할 수 있습니다. 때로 상처받은 사람은 그 때문에 시름시름 죽어 가고 있는데, 상처를 준 사람은 까맣게 모르는 경우도 있습니다.

예수님의 말씀은, 제사를 드리기 전에 자신을 면밀히 돌아보며 자신이 눈빛이나 말 혹은 행동으로 행한 인격 살인 혹은 영혼 살인이 없는지 돌아보라는 뜻입니다. 만일 그런 것이 있다면 제사를 중단하고 당장 찾아가서 용서를 빌라는 뜻입니다. 하나님은 당신의 사랑하는 자녀가 상처받아 속으로 죽어 가는 모습을 보고 마음 아파하시는데, 정작 상처를 준 사람은 태연하게 제사를 드리고 있다면 하나님이 그 제사를 받으시겠습니까?

다른 사람에게 상처 주는 일이 하나님께는 매우 심각한 문제라는 사실을 기억하라는 뜻입니다.

    십자가에서 드러난 하나님의 사랑이 우리 안에 들어차고 그 사랑이 나를 움직이기 시작하면, 우리의 생각과 말과 행동이 변화되어 상처를 주는 일도 줄어들고 상처를 주었을 때 그것을 인지하고 시인하고 용서를 구하는 일도 잘할 수 있습니다. 하지만 그렇게 변화되기 전에 그리고 그런 변화 과정에서 우리는 다른 사람에게 상처를 준다는 것이 얼마나 큰 죄인지 기억하고 그 죄를 범하지 않도록 힘써야 합니다. 늘 하나님 앞에서 자신을 돌아보면서 면밀히 반성해야 합니다. 그리고 실수로든 고의로든 상처를 주었을 때는 진실되게 사과하고 용서를 구하는 일에 용기를 내야 합니다.

사과의 기술

용서를 구할 때는 용서를 구하는 방법에 신중을 기해야 합니다. 우리는 용서하는 것에 서툰 만큼 용서를 구하는 것에도 서투릅니다. 우리의 자아가 용서 구하는 것을 끝없이 방해하기 때문입니다. 그래서 사과하기 위해 용기를 냈는데 그것이 상황을 더 심각하게 만들기도 합니다. 뜻은 좋았는데 방법이 틀렸기 때문입니다. 때로는 방법이 틀리면 뜻이 아무리 좋아도 소용없습니다.

    「허핑턴 포스트」(*Huffington Post*)의 캐롤라인 볼로냐(Caroline Bologna) 기자가 에티켓 전문가들을 대상으로 조사를 하여

"사람들이 사과할 때 저지르는 가장 큰 실수들"이라는 기사를 썼습니다. 한 번쯤 귀 기울여 볼 만한 내용입니다. 전문가들이 조언하는 잘못된 '사과의 기술'은 다음과 같습니다.

첫째, '핑계 대기'입니다. 사과는 자신의 잘못을 시인하고 책임을 지는 것이지 핑계를 대고 자신을 변호하고 합리화하는 것이 아닙니다. 자신이 저지른 잘못을 정확히 파악하고 그것에 대해 사과하는 것으로 끝내야 합니다. 때로는 상대방에게 상처를 줄 수밖에 없었던 합리적 이유가 있을 수 있습니다. 그럴 경우, 사과를 하면서 자신의 정당성도 인정받고 싶은 것이 인지상정입니다. 하지만 사과는 나를 변호하고 정당성을 인정받는 과정이 아니라 상대방의 상처 난 감정을 다독여 주는 것입니다. 그런 의미에서 정혜신 선생은 "마음은 항상 옳다"고 말합니다. 이유야 어찌 됐든 그 사람이 상처를 받았다면, 그 사람은 그 사실에 대해 인정받고 싶어 합니다. 그것을 인정해 주는 것이 사과요 공감입니다. 정혜신 선생은 이것을 '심리적 심폐소생술'(CPR)이라고 부릅니다. 사람을 살려 놓는 것이 먼저입니다.

둘째, '진심으로 하지 않기'입니다. 요즘 표현대로 하자면 '영혼 없는 사과'를 하는 것입니다. 보통 남편들이 곤란에 처했을 때 하는 말이 있지요. "아, 알았어. 내가 잘못했어. 미안해. 됐어?" 그러면 아내들이 되받아치지요. "뭘 잘못했는데?" 그러면 또 남편들이 대답합니다. "뭐든! 잘못했다고 하면 된 거 아냐?" 이것은 사과가 아닙니다. 회피입니다. 어쩔 수 없어서 때우는 식의 사과는 아무런 변화도 만들어 내지 못합니다. 진정한 화해를 원한다면 진심을 담아 사과해야 합니다.

사과는 해야겠으나 정식으로 사과할 용기가 없을 때 사람들은 때우는 식으로 위기를 모면하려 합니다. 그것도 역시 진심으로 하지 않는 예입니다. 사과를 하려면 두 사람이 독대할 수 있는 자리를 만들어 무엇을 어떻게 잘못했으며 앞으로 말과 행동을 어떻게 달리 할 것인지를 진심으로 전달해야 합니다. 그러려면 대단한 용기가 필요합니다. 그래서 용기 없는 사람들은 다른 사람들이 있는 자리에서 혹은 우연히 마주친 자리에서 "제 마음 아시지요?"라고 말하면서 때우려 합니다. 그것은 오히려 분노를 돋우는 행동입니다.

셋째, '메시지나 이메일로 때우기'입니다. 직접 만날 수 없는 상황에서는 어쩔 수 없지만, 그렇지 않으면 얼굴과 얼굴을 대면하고 사과하는 것이 바람직합니다. 정 만날 수 없으면 정성을 담아 손 편지를 쓰는 것이 좋습니다.

넷째, '미안하다고 하면서 토 달기'입니다. "내가 미안해. 그런데 사실은…" 하고 토를 달면, 그 토가 앞의 "미안해"라는 말을 무효화시킵니다. 사과는 그 사람과 관계를 개선하기 위해 하는 것입니다. 그런데 토를 다는 것은 나를 변호하려는 의도에서 나옵니다. 그러니까 진정으로 그 사람과의 관계 개선을 원한다면 억울해도 참고 그냥 미안하다고만 말해야 합니다.

다섯째, '상대방에게 책임 전가하기'입니다. 예를 들면, "당신이 그렇게 느꼈다면 미안해"라고 말하는 것입니다. 이것은 "나에게는 잘못이 없고 그렇게 느낀 당신에게 문제가 있는 거야!"라고 말하는 것과 같습니다. 관계 개선을 진실로 원한다면 그리고 자신에게 어느 정도의 책임이 있다고 인정한다면, 그냥 책임을 떠안는 것이 좋습니다. 그 진심이 통하면 그 사람도 "아니야, 나에게도 잘못이 있지!"라고 응답하게 되지요. 물론, 그렇게 반응하지 않을 수도 있습니다. 그럼에도 그 사람과의 관계 개선이 정말 필요하다고 느낀다면, 일단 모든 책임을 떠안고 사과해야 합니다.

여섯째, '너무 늦게 혹은 너무 일찍 사과하기'입니다. 상대방이 상한 감정을 어느 정도 소화하고 난 후에 사과해야 효과가 있습니다. 하지만 너무 늦게 사과해서도 안 됩니다. 사과 시점이 늦어지는 것은 그만큼 그 문제를 중요하게 여기지 않고 있다는 뜻이기 때문입니다.

일곱째, '사과하는 즉시 용서를 받으려고 기대하기'입니다. 용서는 과정입니다. 상처받은 사람이 용서하는 데는 어느 정도의 시간이 필요합니다. 상처가 심각할 때는 한 번의 사과만으로 되지 않습니다. 그렇기에 진정한 사과에는 용기와 인내심이 필요합니다.

'용서하기'가 차라리 쉬운 이유를 아시겠지요? 사과하겠다고 결심하는 것도 쉽지 않지만 사과하는 과정도 쉽지 않기 때문입니다. 자아를 완전히 내려놓고, 일단 모든 책임을 떠안고 자신을 낮추어야만 진정한 사과가 가능합니다. 우리의 옛 사람이 살아 있는 한 이 일은 죽기보다 힘이 듭니다.

사과 받기

자신이 다른 사람에게 준 상처를 인정하고 그것에 대해 사과하는 것은 갑의 위치를 버리고 을의 위치로 내려서는 행동이라고 할 수 있습니다. 자신의 언행 때문에 을의 위치에서 고통받던 사람을 갑의 위치로 올려놓는 것이 사과입니다. 갑의 위치에 있던 사람이 스스로 그 자리에서 내려와 을의 위치에 서는 것이기에 때로는 사과하는 것이 죽기보다 힘들게 느껴지는 것입니다. 사실 그것은 자아를 죽이는 행동입니다. 그러나 당장은 죽을 것 같지만 사실은 자신도 살리고 상대방도 살리는 일입니다.

이렇듯, 사과를 결심하기도 쉽지 않고 사과를 실천하기는 더욱 어려운 것이 사실이기에, 나에게 상처 준 사람이 사과를 해 올 때 일단 그 사과를 받아들이도록 노력하는 것이 좋습니다. 상처받은 사람은 상처를 준 사람으로 말미암아 지속적으로 심적 고통을 받거나 때로 심적 고통이 육신의 질병을 유발하여 고통받기도 합니다. 이 상처를 치유해 줄 수 있는 사람은 상처를 준 당사자입니다. 상처받은 사람은 꼼짝없이 상처 준 사람의 수하에 드는 셈입니다.

을의 위치에서 한동안 심적 고통과 육체적 고통을 받던 사람이 상대방으로부터 사과를 받고 갑의 위치에 올라서면 그동안 당한 고통을 갚아 주고 싶은 충동에 사로잡힙니다. 그래서 때로는 사과를 거부하기도 하고, 사과를 받는 자리에서 마음에 쌓인 분노를 쏟아 놓기도 합니다. 그렇게 되면 상대방이 어렵게 용기를 내어 열었던 마음이 다시 닫혀 버릴 수 있습니다. 자신의 잘못을 깊이 뉘우치고 사과한 사람들은 그 모든 쓴 물을 받아 내겠지만, 상대방과의 화해를 위해 자신의 억울함을 참고 사과를 한 경우에는 영영 회복 불가한 상태로 관계가 악화될 수 있습니다.

그러므로 사과를 받았을 때 자신이 그동안 겪은 고통을 갚아 주는 것이 좋을지 아니면 그 사람과의 관계를 회복하는 것이 더 필요한 일인지를 냉정하게 저울질해 보아야 합니다. 후자를 선택한다면, 아무리 쌓인 감정이 많아도 일단 상대방의 사과를 받아들일 필요가 있습니다. 때로는 그 사과에 진심이 느껴지지 않을 수도 있습니다. 그래도 일단 진심으로 받아 주는 것이 좋습니다. 앞으로의 더 나은 관계를 위해 지금 잠시 견디고 참는 것입니다.

인간관계에서 꼭 기억할 것이 있습니다. 관계를 지속하기 원한다면 해서는 안 될 말과 행동이 있다는 것입니다. 아무리 분노가 속에서 들끓어도 내뱉어서는 안 될 말이 있고 해서는 안 될 행동이 있습니다. 아무리 억울해도 밥상을 뒤집어엎지는 말아야 합니다. 그렇게 되면 관계는 영영 깨어져 버립니다. 어떤 방법으로도 갈라진 틈을 메울 수가 없습니다. 방바닥에 흩어진 밥과 국과 반찬을 주워 담을 수 없는 것과 같은 이치입니다. 그래서 다윗은 분노에 사무칠 때 이렇게 기도했습니다.

> 주님, 내 입술 언저리에 파수꾼을 세우시고, 내 입 앞에는 문지기를 세워 주십시오. 내 마음이 악한 일에 기울어지지 않게 해 주십시오. 악한 일을 하는 자들과 어울려서, 악한 일을 하지 않게

도와주십시오. 그들의 진수성찬을 먹지 않게 해 주십시오.

(시 141:3-4)

그는 분노에 사로잡힐 때 자신이 해서는 안 될 말을 하고 하지 말아야 할 행동을 했던 것을 기억하면서 이렇게 기도하고 있는 것입니다. 만일 분노 혹은 다른 부정적 감정에 사로잡혀 관계를 파탄 내는 행동을 반복한다면 분노 조절 장애를 의심해 보아야 합니다. 해결되지 않은 분노가 내면에 뭉쳐 있어서 작은 자극에도 과도하게 반발하는 경향이 있다면 그 문제를 치료받아야 합니다. 잘못하면 가장 소중한 관계까지 손상시킬 수 있기 때문입니다. 앞에서도 말했듯이 인생은 관계입니다. 그렇기에 관계를 손상시키는 패턴이 있다면 심각하게 여기고 치료받아야 합니다.

매듭 풀기

이 대목을 읽으면서 우리는 누구를 생각할까요? 우리에게 사과해야 할 사람을 떠올리면서 '그 사람이 이 사과의 기술을 알았더라면…' 하고 생각해야 할까요?

이런 때는 우리의 사과를 받아야 할 사람을 생각해야 합니다. 제사를 준비하는 과정에서 누구를 생각하라고 예수님이 말씀하셨습니까? 우리가 상처 준 사람, 즉 나의 사과를 받아야 할 그 사람을 떠올려 보라고 하십니다. 우리에게 사과해야 할 사람은 항상 우리 뇌리에 있습니다. 예배의 자리, 기도의 자리, 묵상의 자리에서 적극적으로 찾아내야 하는 사람은 내가 사과해야 할 사람입니다.

    그 사람은 배우자일 수도 있고, 자녀 혹은 부모일 수도 있습니다. 직장 동료일 수도 있고, 교우일 수도 있습니다. 진실로 그 사람과의 화해를 원한다면 너무 늦기 전에, 진실한 마음으로 자신의 잘못을 인정하고 사과를 청해야 합니다.

    이혼의 아픔을 겪은 부부들 중에 진심으로 "미안해"라는 말 한마디만 했더라면 그 아픔을 피했을 사람들이 얼마나 많은지요. 평생 속만 썩이고 "고맙다" 혹은 "미안하다"는 말 한마디 할 줄 모르던 아버지가 죽음의 문턱에서 숨이 넘어가며 간신히 자식에게 던진 "미안…허다…" 한마디가 평생토록 가슴에 뭉쳐 있던 돌덩이를 녹여 내더라는 이야기를 들은 적이 있습니다. "말 한마디에 천 냥 빚도 갚는다"는 격언은 진심 어린 사과의 말이 지니는 힘이 얼마나 큰지 알려 줍니다.

    사실, '용서하기'가 우리에게 힘든 이유는 우리가 '용서받기'에 무능하기 때문입니다. 자신이 준 상처를 인정하고 진심으로 사과하는 사람을 용서하는 일은 너무도 쉽습니다. 진심으로 사과하는 사람을 용서하고 품어 안는 것은 참으로 행복한 일입니다. 하지만 이런 일이 드물게 일어나기에 모두들 용서의 문제로 힘겨운 씨름을 하고 있는 것입니다.

    진심으로 사과한다고 해서 당장 문제가 해결되고 화해에 이르는 것은 아닙니다. 용서에서 화해에 이르는 길은 때로 지난한 과정입니다. 상처를 준 사람이 아무리 사과를 해도 상처받은 사람의 마음이 요지부동일 때가 있습니다. 받은 상처가 너무 큰 경우에도 그렇고, 그 사람의 성격에 문제가 있어서 그럴 수도 있습니다. 상처가 깊은 사람들은 누군가를 미워하지 않고는 살 수 없습니다. 그런 사람에게는 아무리 용서를 빌어도 소용이 없어 보입니다.

그렇기에 풀리지 않은 매듭을 평생 안고 살아야 하는 경우도 있습니다. 누구나 이런 매듭 한두 개는 지니고 삽니다. 인간관계에서 오는 문제는 나 혼자만의 문제가 아니기 때문에 풀고 싶어도 풀 수 없는 경우가 있습니다. 두 사람 모두 정상적으로 사고할 수 있다면 대면하여 선후를 따져서 풀어낼 수 있지만, 어느 한편의 성격에 문제가 있다면, 풀고 싶어도 풀 수가 없습니다. 인격자로 혹은 영성가로 존경받았던 사람들에게도 이런 매듭 몇 개는 있습니다. 세상 모든 사람들이 존경한다 해도 적어도 몇 사람은 '아니네요!' 하고 고개를 젓는 법입니다.

그럴 경우, 최선을 다한 후에 하나님께 맡기는 수밖에 없습니다. 모든 사람에게 인정받고 싶고 모든 사람에게 좋은 소리를 듣고 싶지만 때로는 잘못된 만남이 있을 수 있습니다. 그럴 때면 그 매듭을 풀기 위해 최선을 다하고, 그 후에 하나님께 맡기고 마음을 떼야 합니다. 그래서 정혜신 선생도 그의 책에서 "관계를 끊는 것이 너와 나를 동시에 보호하는 불가피한 선택일 때가 있다"(170쪽)고 말합니다. 그럴 경우, 유진 피터슨이 조언한 대로 인간적으로 지켜야 할 예의를 최선으로 여기고 살아야 합니다. 그러다 보면 하나님의 신비한 손길로 관계가 회복되기도 합니다. 그런 이적을 기대하고 지금은 그 문제를 내려놓아야 합니다.

이것이 우리의 한계입니다. 그래서 우리는 하나님을 바라봅니다. 모든 인간관계 안에는 하나님의 몫도 있기 때문입니다. 인간적 노력으로는 도무지 해결되지 않던 일이 하나님이 개입하심으로써 해결되는 것을 봅니다. 돌처럼 굳어 있던 마음이 성령의 감동을 받으면 순식간에 녹아 버립니다.

한편, 우리는 하나님의 사랑으로 우리의 내면을 채워야 합니다. 사랑은 하나님에게서 시작되었고, 우리를 진정으로 만족시킬 만한 사랑은 하나님에게서 옵니다. 하나님의 사랑을 경험하고 '하나님의 사랑받는 자'로서 든든히 선다면, 우리는 우리를 무력화시키는 힘인 두려움의 감정을 떨쳐 내고 사랑하기를 선택하고 용서하기를 결단할 수 있습니다. 그리고 끝내 풀지 못하는 매듭을 하나님께 맡기고 나아갈 수 있습니다.

묵상과 나눔을 위하여

1. 우리는 모두 피해자 의식을 가지고 살아간다는 사실을 묵상하십시오. 당신도 가해자라는 사실을 인정할 수 없다면 그 이유는 무엇일까요?

2. 자신의 잘못을 인정하고 사과하는 일에 있어서 당신 자신을 평가해 보십시오. 점수를 준다면 몇 점을 줄 수 있을까요? 그렇게 평가하는 이유는 무엇입니까?

3. 사과를 해 본 경험을 하나만 생각해 보십시오. 앞에서 본 일곱 가지의 실수 중 당신이 범한 실수가 있다면 무엇입니까? 왜 그렇게 행동했을까요?

3부

불공정한 조건에서 살기

"불의한 세상에서 부자가 되고
높아지는 것은 부끄러움이다."

— 공자

알 수 없는 인생

알 수 없는 세상에서
알 수 없는 이유로
하루치의 생명을
덤으로 받는다

이 이유 없는 은총이
어제로 끝난 사람을 생각하며
떨리는 마음으로
하루치의 은총을 받는다

참으로 알 수 없는 인생
신비의 안개 속에서
오늘도 두 팔을 뻗어 더듬거리며
한 걸음 한 걸음
조심스레 내딛는다

언제일지 알 수 없는
그날까지
알 수 없는 그분의 손에
모든 것 맡기고
오늘도
알 수 없는 미래로
발걸음을 내딛는다

5장

○

기울어진

운동장에서

분노의 시대

지금 우리가 사는 시대의 가장 심각한 문제는 '분노'와 '불안' 그리고 '절망'이라고 할 수 있습니다. 선넘명처럼 번져 나가고 있는 우울증이나 조울증 혹은 공황 장애 같은 마음의 질병은 주로 마음속에 축적된 분노와 절망에서 발생합니다. 물론, 기질적으로 그런 질병에 취약한 사람들도 있습니다. 유전적 요인도 있다고 하지요. 하지만 더 많은 경우에는 내면에 축적된 분노와 불안 혹은 절망의 감정에서 유발됩니다.

 분노와 불안과 절망의 감정이 우리 사회에 널리 퍼져 있고 또한 점점 심각해지고 있다는 사실은 매일 전해지는 뉴스를 잠시만 보아도 확인할 수 있습니다. 끔찍한 살인 사건들이 오늘에만

일어나는 것은 아니지만, 과거와 다른 점이 있습니다. 과거에는 범행 동기라는 것이 있었고, 지금은 그런 것이 없는 경우가 많다는 점입니다. 그냥 분해서, 그냥 욱해서 끔찍한 범행을 저지릅니다. 범행 대상도 구체적이지 않습니다. 그래서 '묻지 마 범죄'라는 단어가 생겼습니다.

2017년 10월 1일, 스티븐 패덕(Stephen Paddock)은 미국 라스베이거스의 한 광장에서 하비스트 페스티벌의 콘서트를 즐기고 있던 관중에게 무차별 총격을 가해 58명을 죽이고 851명에게 부상을 입혔습니다. 미국 정보 당국은 이 사건에 대해 10개월 동안 수사하여 무려 187쪽이나 되는 수사 보고서를 발표했습니다. 그 결론이 뭔지 아십니까? "아무런 동기도 발견할 수 없었다"는 것입니다.

이 사건으로 말미암아 희생된 사람들의 가족들은 심정이 어떨까요? 아무리 이르고 아픈 죽음이라 해도 무슨 영문이라도 알면 받아들이는 데 도움이 됩니다. 그 죽음이 헛되지 않았다는 느낌이 있으면 훨씬 더 받아들이기 쉽습니다. 그런데 아무 동기도 없다는 겁니다. 동기가 없을 리 없습니다. 밝혀내지 못했을 뿐이지요. 그는 내면에 끓는 분노와 불안과 절망을 안고 있으면서도 아무런 문제도 없는 사람처럼 살았던 것입니다. 그러니 그 사건으로 사랑하는 사람을 잃은 이들의 아픔이 치유되기 어렵습니다.

이는 극단적인 경우입니다만, 현대인의 심리 상태를 잘 보여 주는 예라고 할 수 있습니다. 분노와 불안과 절망의 감정이 뒤섞여 마음의 질병이 점점 심해지고 복잡해지고 있다는 뜻입니다. 과거의 정신과 질환 분류표에 해당하지 않는 사례들이 많아지고 있습니다. 그토록 강렬한 감정을 품고 살면서도 겉으로는 아무 표시도 내지 않고 보통의 사람처럼 말하고 행동하는 능력에 있어서 현대인들은 대단한 경지에 이르렀다는 뜻입니다.

잠잠히 당신 자신의 내면을 들여다보시기 바랍니다. 아직도 풀리지 않는, 아니 시간이 지날수록 불어나기만 하는 혹은 돌처럼 단단해지는 분노의 응어리가 있지는 않습니까? 사라진 듯하다가 어떤 조건이 조성되면 고개 들고 나타나 사정없이 마음을 흔드는 불안감이 있지 않습니까? 그리고 마음 깊은 곳에 자리 잡은 절망감을 보십니까? "내 인생은 무슨 의미일까? 무엇을 위해 살아야 하나? 이게 전부일까? 다른 길은 없는 걸까?" 아무리 물어보아도 대답은 없고 미래는 더욱 어두워 보이기에 마음 한 곳이 텅 빈 것처럼 살아가지 않습니까?

2018년에 개봉한 이창동 감독의 영화 <버닝>은 우리 사회의 단면을 극적으로 보여 주는 수작입니다. 무라카미 하루키의 『헛간을 태우다』라는 소설을 기초로 만들어진 이 영화에서 감독은 종수라는 한 인물을 통해 우리 시대 젊은이들의 절망과 좌절을 선명하게 보여 줍니다.

종수는 처음부터 끝까지 입을 반쯤 벌리고 반쯤 정신 나간 사람처럼 좌충우돌합니다. 아르바이트 현장을 전전하면서 가난의 늪에서 벗어나려 애를 씁니다만, 아버지가 저질러 놓은 일 때문에 점점 더 깊은 늪으로 빠져듭니다. 감옥에 갇힌 아버지 대신 소똥을 치우며 헉헉대는 종수의 모습은 앞선 세대가 남겨 준 산업화의 그늘 속에서 고투하는 우리 시대 청년들을 생각나게 합니다. 거대한 소 우리에는 송아지 한 마리밖에 없습니다. 겉으로는 화려하지만 속은 텅 빈 우리 사회를 상징하는 것 같습니다.

   종수는 우연히 중학교 동창을 만나 사랑을 하게 됩니다. 하지만 해미의 사랑은 그의 손에 잡히지 않습니다. 해미가 없는 방에서 혼자 자위를 하는 종수의 모습은 '혼밥시대'의 청춘의 외로움을 진하게 보여 줍니다. 그렇게 살아가는 종수에게는 꿈이 하나 있습니다. 소설을 쓰는 것입니다. 하지만 그는 어떤 이야기를 써야 할지 모르겠다고 말합니다. 쓸 이야기가 없는 작가 지망생, 이것이 우리 시대 절망의 가장 큰 이유이기도 하지요.

   종수가 그 자신으로서는 닿을 수 없는 별천지에 살고 있는 벤을 살해한 후, 벌거벗은 채 낡은 트럭을 타고 달아나는 장면으로 영화는 끝납니다. 여자 친구를 살해한 것에 대한 복수로써 벤을 살해한 것처럼 보이지만 실은 벤이 살고 있는 딴 세상에 대한 복수입니다. 그렇기에 종수는 벤이 타고 있던 포르쉐 승용차에 자신의 피 묻은 옷을 벗어 넣고 불을 질러 버립니다. 낡은 트럭을 타고 도망치는 종수는 넋이 나간 채 떨고 있습니다. 이는 절망의 끝에서 갈 곳을 찾지 못하고 두려워 떨고 있는 우리 시대 젊은이의 모습이라 할 수 있습니다.

사회적 좌절감
분노와 불안과 절망의 감정이 형성되고 커지는 가장 큰 이유는 주로 인간관계에서 옵니다. 다른 사람에게서 받은 마음의 상처가 제일 큰 영향을 끼칩니다. 그래서 저는 앞의 두 장에서 용서하고 용서받는 문제, 곧 용서하는 것도 힘들고 용서받는 것은 더욱 힘들지만 그렇게 하지 않을 수 없는 이유에 대해 썼습니다.

하지만 우리의 마음이 분노와 불안과 절망의 늪에 빠지는 것은 관계에서 주고받는 상처 때문만은 아닙니다. 관계의 문제 외에도 이러한 감정을 증폭시키는 이유는 많이 있습니다. 그중 사회 환경과 구조와 제도가 중요한 이유가 되곤 합니다. 우리 자신의 잘못이 아닌 이유로 손해와 상실을 감당해야 할 때 분노는 강해지고 좌절은 심해지며 불안은 깊어집니다.

'기울어진 운동장'이라는 표현을 들어 보셨지요? 원래 이 비유는 축구계에서 시작되었다고 합니다. 한때 FC 바르셀로나 축구팀이 너무 강하여 다른 팀들이 계속 패배하자 "FC 바르셀로나와 경기하는 것은 마치 기울어진 운동장에서 시합하는 것과 같다"는 말을 했다고 합니다. 그것이 지금은 경제학과 사회학 같은 영역에서 자주 사용되고 있습니다.

기울어진 운동장에서 축구 시합을 한다고 생각해 보십시오. 그 운동장에서는 아래에서 위로 공격하는 사람들은 반대편 선수들보다 몇 배 더 힘겹게 싸워도 이길 가능성이 별로 없습니다. 오늘 우리가 사는 사회가 이와 비슷하다는 것입니다. 그렇기에 어떤 사람은 <버닝>의 벤처럼 태어나서부터 줄곧 별 어려움 없이 승승장구하고, 어떤 사람은 종수처럼 아무리 발버둥 쳐도 가난을 면할 수가 없습니다.

기울어진 운동장 비유는 주로 진보 진영에서 사용합니다. 때로 상황을 지나치게 과장하는 경우도 있고, 개인의 책임을 도외시한 채 모든 것을 부조리하고 불공정한 사회 구조 때문이라고 주장하기도 합니다. 반면, 보수 진영에서는 상황을 축소하려는 경향이 있습니다. 제도나 구조보다는 개인의 책임이 더 크다고 말합니다. 개인이 노력만 하면 오늘 우리 사회에서도 얼마든지 개천에서 용이 날 수 있다고 주장하는 것이지요. (이렇게 개인의 노력만 강조하는 주장을 비꼬는 의미로, 젊은 세대는 노력 대신 '노오력'이라는 신조어를 쓰기도 합니다.)

개인의 노력 부족과 불공정한 사회 구조, 이 둘 중 어느 편에 더 공감하는지는 개인의 선택입니다. 하지만 우리 사회에 부조리하고 불공정한 측면이 있고, 그래서 개인의 노력과는 상관없이 불이익을 감수해야 하는 경우도 많다는 사실을 부정할 사람은 없을 것입니다. 자신의 잘못과는 상관이 없는 혹은 자신의 힘만으로는 극복할 수 없는 불리한 조건이 분명히 있습니다. 신체적 장애일 수도 있고, 좋지 않은 머리일 수도 있으며, 불우한 가정 환경일 수도 있습니다. 불리한 정도가 너무 심하여 개인의 노력이 아무런 변화를 만들어 내지 못할 때 억울함을 느끼게 됩니다. 억울함이 커지면 종수처럼 세상을 향해 분풀이를 하고 싶어지는 것입니다.

2019년 8월과 9월, 한국 사회를 뜨겁게 달군 조국 법무부 장관 후보자에 대한 논란은 우리 사회가 얼마나 한편으로 기울어져 있는지를 모든 국민에게 자각시켰습니다. 어떤 사회학자는 우리나라가 조국 이전과 이후로 나뉠 것이라고 예견했습니다. 많은 논란 끝에 장관에 임명되었지만, 제가 글을 마무리 짓고 있는 지금 이 시점에도 논쟁은 수그러들지 않고 있습니다. 야당은 조국 장관의 퇴진을 요구하고 있고, 조국 지지 집회와 사퇴 촉구 집회가 함께 열리고 있습니다.

　조국 장관이 비판받은 가장 큰 이유는 그가 그동안 개진해 온 기울어진 운동장에 대한 주장과 그의 삶 이면에 큰 간극이 드러났기 때문입니다. 그렇기에 그를 '강남좌파'라고 부르며 비판하고, 위선자라는 오명까지 뒤집어씌우고 있습니다. 그를 지지하는 사람들조차 그 간극에 대해서는 어찌 설명할 방도를 찾지 못합니다. 자신은 기울어진 운동장의 맨 위편에 살면서 운동장을 바로잡아야 한다고 외친 것처럼 보이기 때문입니다. 그것이 그의 진정한 소신이었다면 그는 자신에게 주어진 기득권을 조금이라도 포기해 왔어야 합니다. 그렇기 때문에 많은 사람들이 그에게 배신감을 느끼고 있습니다.

　이 책을 읽는 독자들 중에도 기울어진 운동장의 위편에 살고 있는 이들이 있을 것입니다. 좋은 지능을 타고났고, 유복한 가정에서 태어났으며, 뒤를 봐줄 든든한 연줄이 많은 사람들 말입니다. 이런 이들은 별 어려움 없이 탄탄대로에서 승승장구합니다. 그뿐 아니라 그 자리를 자녀들에게까지 물려줍니다. 그들은 조국 장관의 고백에서 보듯 자신이 특혜를 받고 있다는 의식을 하지 못합니다. 다들 그렇게 살고 있다고 생각하기 때문입니다. 혹은 자신의 기득권을 당연한 권리라고 생각하기 때문입니다.

    그로 인해 과거에는 개천에서 용이 나는 일들이 있었지만, 이제는 부와 가난이 대물림되고 있습니다. <버닝>의 종수처럼 아무리 발버둥 쳐도 가난의 굴레에서 벗어날 수가 없습니다. 자신이 그런 상황에 있다고 느끼는 사람들은 이러한 현실에 분노를 품기 쉽습니다. 조국 장관 후보자 청문회 이후에 청년 대학생들이 분노하거나 좌절하고 있는 이유가 여기에 있습니다. 그런데 그렇게 모여서 정의와 공의를 부르짖는 청년들조차도 우리 사회 전체의 분포로 볼 때 특혜를 입은 사람들일 가능성이 큽니다. 그들이 분노한 것은 자신들이 누린 특혜보다 더 큰 특혜를 누군가 누렸다는 사실 때문으로 보입니다. 그들이 누린 정도의 특혜조차 누릴 수 없는 청년들은 모여서 목소리를 낼 수도 없는 것이 우리의 현실입니다.

    저로 말하자면, 초등학교 5학년 때까지는 운동장의 위편에 있었습니다. 적어도 제가 사는 시골에서는 그랬습니다. 제 부친은 초등학교 교사셨는데, 당시 시골에서 초등학교 교사는 지역 유지에 속했습니다. 비록 아버지 때문에 학교에서는 기를 펴지 못하고 지냈지만, 초등학교 5학년 때 도시로 유학을 갔으니 제 고향에서는 금수저를 물고 태어난 셈이었습니다.

    통통배를 타고 충남 당진에서 인천으로 전학을 간 후에 저는 기울어진 운동장 아래에서 위로 공격해야 하는 입장에 처한 저 자신을 발견했습니다. 왜 당시에는 가정 환경 조사를 공개적으로 했을까요? 사는 집이 양옥인지 한옥인지, 전세를 사는지 월세를

사는지, 텔레비전이 있는지 없는지, 또 부모님 학력을 손 들어
표할 때마다 저의 자존감은 쪼그라들었습니다. 점심시간에
도시락을 열 때는 자존감이 바닥으로 떨어졌습니다. 기름기 잘잘
흐르는 하얀 쌀밥에 계란과 소시지를 반찬으로 싸 온 아이들
옆에서 말라빠진 무말랭이 무침을 질겅질겅 씹으면서 속으로
분을 삭였습니다. 물론, 그것조차 싸 오지 못하는 아이들보다는
나았지만 그것으로는 위로가 되지 않았습니다.

다행히도 그렇게 속으로 쌓은 감정은 제 목표를 향해
발돋움하게 만드는 에너지가 되었습니다. 작은 목표라도 하나씩
이룰 때마다 제 안에 쌓인 상대적 박탈감은 해소되었고 평생
운동장 밑에 있으면 어쩌나 하는 불안감을 다스릴 수 있었습니다.
만일 제가 운동장 밑바닥에서 벗어나지 못하고 지금도 경사진
운동장을 달리고 있다면, 어릴 때 거대한 양옥집을 지날 때마다 제
안에서 고개를 내밀던 정체 모를 감정이 시한폭탄처럼 째깍째깍
쏙파 시점을 향해 가고 있을지도 모릅니다.

희년의 정신

우리가 서 있는 운동장이 기울어진 것은 아담과 하와가 저지른
죄의 결과 중 하나입니다. 태초의 에덴동산은 평평한 운동장과
같았습니다. 그곳에서는 서로 어울려 춤을 추듯 살게 되어
있었습니다. 그런데 아담과 하와가 하나님께 등지는 선택을
함으로써 우리의 세상은 기울어졌고, 아름다운 춤판은 거대한
전투장이 되어 버렸습니다.

기울어진 운동장이라는 우리의 현실은 새 하늘과 새 땅이 임하기 전까지는 변하지 않습니다. 그때가 오기까지 어느 정도의 불공정과 부정의는 인간 존재의 엄연한 현실입니다. 인류 역사를 보면, 이 현실을 뒤집기 위해 수많은 혁명이 일어났습니다만, 기울어진 운동장은 그대로 있고 위치만 바뀔 뿐이었습니다. 이 현실은 마지막 날에 새 하늘과 새 땅이 이루어질 때에나 고쳐질 것입니다. 그때가 되면 기울어졌던 운동장이 바로 설 것이며, 모든 경쟁이 그치고 모두가 함께 손잡고 태초에 추었던 춤을 다시 추게 될 것입니다.

믿는다는 것은 한편으로는 기울어진 운동장이라는 현실을 직시하는 것이며 또 한편으로는 평평한 운동장에서 영원한 춤판에 참여할 새 하늘과 새 땅을 바라보는 것입니다. 믿는 사람들은 새 하늘과 새 땅이 임할 때까지 지금 서 있는 기울어진 운동장에서 정의롭게 살아가도록 힘쓰라는 부름을 받았습니다. 할 수 있는 대로 기울어진 운동장을 고치도록 힘쓰고, 그것이 불가능하다면 기울어진 운동장 때문에 희생당하고 낙오하는 사람들을 위로하고 도와야 합니다.

레위기 25장에는 '희년'(禧年, Jubilee)이라는 말이 나옵니다. '안식일'은 매 7일마다 인간의 모든 노력을 중단하고 이미 주어진 것을 누리면서 하나님으로 충분하다는 사실을 기억하는 날입니다. '안식년'은 매 7년마다 경작하던 논과 밭을 쉬게 해 줌으로 우리를 먹이시는 분이 하나님이심을 기억하는 해입니다. '희년'은 안식년이 일곱 번 반복된 후에 오는 해, 즉 50년마다 오는 특별한 해입니다. 이 해에는 모든 빚을 탕감해 주고, 노예를 풀어 주어야 했습니다. 또한 그동안 매입한 토지를 원주인에게 돌려주어야 했습니다.

처음 가나안 땅에 정착했을 때, 모두가 동일한 면적의 토지를 분양받고 출발했습니다. 살다 보니 경제적 이유로 토지를 팔아야 할 경우가 생겼습니다. 그러니 몇십 년이 지나 어떤 사람은 땅 부자가 되고 어떤 사람은 다른 사람의 소작농이 됩니다. 이런 상황이 영구히 지속되지 않게 하려고 50년째 되는 해에 그동안 사들인 토지를 원주인에게 돌려주어 다시금 같은 지점에서 시작하라는 것이 희년법의 정신입니다. 이렇게 보면 희년, 즉 '기쁨의 해'라는 말은 없는 사람에게 해당하는 말입니다. 기득권자들에게 희년은 재앙과 다름이 없었을 것입니다. 기득권을 포기해야 하기 때문입니다.

당시 평균 수명을 생각해 보면, 50년에 한 번씩 이렇게 하라는 것은 부와 가난이 대물림되지 않게 하라는 뜻입니다. 좋은 조건에서 태어나 한평생 잘 먹고 잘살았다면 그것으로 만족하고, 자녀들은 다시 출발선으로 돌아가 다른 사람들과 같은 조건에서 시작하게 하라는 뜻입니다. 그러니까 하나님은 한편으로는 인간의 타락성을 인정하면서도 그 타락성을 무한히 그리고 영구히 충족시키게 하는 구조를 방지하기 위해 희년법을 마련해 주신 것입니다. 현실이 어느 정도 부조리하고 불공정하지만 그것을 당연하게 여기지 말고 그것을 영속화시키지 말라는 뜻입니다.

희년을 사는 법

예수님은 공생애를 시작하시면서 나사렛의 회당에서 설교자로 초청받으시고는 이사야의 예언 중에서 다음의 말씀을 읽으셨습니다.

> 주님의 영이 내게 내리셨다. 주님께서 내게 기름을 부으셔서, 가난한 사람에게 기쁜 소식을 전하게 하셨다. 주님께서 나를 보내셔서, 포로 된 사람들에게 해방을 선포하고, 눈먼 사람들에게 눈 뜸을 선포하고, 억눌린 사람들을 풀어 주고, 주님의 은혜의 해를 선포하게 하셨다. (눅 4:18-19; 사 61:1-2)

여기서 말하는 "주님의 은혜의 해"(the year of the Lord's favor)는 희년을 뜻합니다. 하나님은 이사야를 통해 장차 메시아가 희년에 일어날 일들을 이루실 것이라고 예언하셨습니다. 예수님은 이 말씀을 읽으신 후에 두루마리를 말아서 시중드는 사람에게 주시고 자리에 앉으십니다.

그때 사람들이 모두 예수님을 주목하지요. 설교자로 초청받은 사람이 성경 본문만 읽고 아무 설명도 하지 않으니 이상하고 궁금할 수밖에 없습니다. 그러자 예수님이 간단히 한 말씀만 하십니다.

> 이 성경 말씀이 너희가 듣는 가운데서 오늘 이루어졌다. (눅 4:21)

당신이 메시아로 예언된 그분이며, 당신을 통해 희년의 정신이 실현될 것이라는 뜻입니다. 50년마다 한 번씩 실행되어야 했던 희년의 사건이 자신을 통해 이제 매일 일어나게 될 것이라는 뜻입니다. 실로 예수님은 공생애 기간 동안에 끊임없이 낮은 곳, 그늘진 곳, 어두운 곳, 축축한 곳, 냄새나는 곳을 찾아다니셨습니다. 기울어진 운동장의 낮은 곳으로만 찾아다니신 것입니다. 가난한 사람, 연약한 사람, 내몰린 사람, 병든 사람, 따돌림당하는 사람, 소외받는 사람들을 만나기 위해서였습니다.

기울어진 운동장에서 패배하고 밀려나고 낙오한 사람들을 만난 예수님은 하나님 나라를 보라고 가르치셨습니다. 우리가 서 있는 기울어진 운동장이 세상의 전부가 아니라는 것, 그것과는 비교할 수 없는 정의롭고 아름다운 하나님 나라가 있다는 것 그리고 결국 그 나라가 기울어진 세상을 집어삼켜서 모든 것을 바로잡을 거라고 말씀하셨습니다. 그 일이 지금 당신을 통해 시작되고 있다고 하시며 병든 사람들을 고치시고 가난한 사람들을 회복시키시고 절망에 빠져 있는 사람들에게 희망을 주셨습니다. 지금 당신을 통해 시작되고 있는 하나님 나라가 이 세상에 완전히 이루어질 날이 있음을 믿고 이 땅에서 그 나라를 살라고 하셨습니다.

물론, 예수님은 기울어진 운동장의 위편에서 사는 사람들도 만나셨습니다. 그분은 그런 사람들을 만나셔서 마음의 회개와 지갑의 회개를 요청하셨습니다. 자신이 누리고 있는 기득권을 내려놓아 운동장의 기울기를 낮추는 데 헌신하라는 뜻이었습니다.

어느 부자 청년이 예수님께 찾아와 영원한 생명을 얻는 길에 대해 여쭈었습니다. 예수님은 그 청년에게 하나님의 계명을 지키라고 답하십니다. 그러자 젊은이는 모든 계명을 잘 지키고 있다고 답하면서 "아직도 무엇이 부족합니까"(마 19:20)라고 묻습니다. 그러자 예수님은 "네가 완전한 사람이 되려고 하면, 가서 네 소유를 팔아서, 가난한 사람에게 주어라. 그리하면, 네가 하늘에서 보화를 차지하게 될 것이다. 그리고, 와서 나를 따라라"(21절)라고 답하십니다. 이 말씀을 듣고 청년은 근심하면서 떠나갑니다. 자신의 기득권을 포기하고 싶지 않았기 때문입니다.

삭개오의 경우는 예수님을 만나 자신의 기득권을 포기한 예입니다. 당시 세리장은 오늘로 치면 한 도시의 세무서장과 같은 위치입니다. 로마의 식민 통치하에 있던 갈릴리에서 세리장은 막강한 권력을 가진 사람입니다. 기울어진 운동장의 맨 위편에 살던 사람입니다. 하지만 그는 그것으로 만족하지 못했습니다. 그에게 주어진 권력과 부로는 채워지지 않는 내적 갈증이 있었습니다. 그래서 예수님을 찾았고 그분의 방문을 받고 나서 자진하여 모든 기득권을 내어놓겠다고 고백합니다.

그것이 예수 그리스도의 복음입니다. 죄로 말미암아 깨어진 세상에서 상처 난 사람들과 함께 살아가는 우리는 예수 그리스도를 통해 죄 사함을 받고 또한 성령의 능력으로써 죄성을 치유받습니다. 그리고 하나님의 사랑받는 자들로서 이 세상의 상처를 치유하며 살아가기를 힘씁니다. 때로 어쩔 수 없는 조건 때문에 억울함을 당해도 심하게 짓눌리지 않습니다. 할 수 있다면 기울어진 운동장을 바로잡기 위해 힘쓰고, 그것이 여의치 않으면 그 상황에서도 정의롭게 살기 위해 힘씁니다. 그리고 우리 주님처럼 세상에서 밀려나고 실패한 사람들을 찾아 위로하고 격려하고 회복시키기 위해 노력합니다. 새 하늘과 새 땅이 임하기 전까지 우리는 그렇게 이 땅에서 하나님 나라를 실현시켜야 합니다. 그것이 희년의 정신을 따라 사는 삶입니다.

축복의 논리와 청지기 논리

제가 외국 유학 생활을 끝내고 한국으로 돌아갔을 때 저희 부부는 가진 것이 별로 없었습니다. 그래도 다행히 양가 부모님에게 돈을 빌려서 전셋집을 얻었습니다. 처음에는 빚을 갚기 위해 열심히 일했고, 빚을 갚은 후에는 집을 장만하기 위해 열심히 일했습니다. 아내도 학원에서 피아노를 가르치면서 생활비를 보탰습니다. 당시에 서울 하늘을 가득 채운 고층 아파트들을 볼 때마다 '서 많은 아파트 중에 어찌 내 이름으로 된 것이 하나도 없다는 말인가?'라는 한탄을 자주 하곤 했습니다.

몇 년이 지나 생활이 어느 정도 안정권에 접어들었을 무렵, 지인이 세운 방글라데시의 한 신학교를 방문하게 되었습니다. 그곳에서 저는 여름 방학을 이용하여 두 주 동안 강의를 하였습니다.

방글라데시 공항에 도착하여 선교사님이 가져온 밴을 타고 공항을 빠져나오는데 삽시간에 수많은 사람들이 몰려들어 차를 에워싸고 손을 내밀어 구걸을 합니다. 선교사님이 문을 모두 잠그더니 절대로 창문을 열지 말라고 하십니다. 도와주고 싶어도 참으라고 하십니다. 한 사람에게 도움을 줄라치면 다른 사람들이 몰려들어 싸움만 생기고 차가 망가질 수도 있다고 하셨습니다.

   저는 그 모습에 큰 충격을 받았습니다. 저와 제 가정이 가난에서 벗어나는 데 목표를 두고 사느라 몇 년 동안 가난한 이웃의 존재를 망각하고 살았다는 사실을 자각했기 때문입니다. 저는 가난과 절망에 찌든 방글라데시 사람들을 만나면서 제가 얼마나 많은 것을 가지고 있는지를 알았습니다. 저는 그래도 오를 만한 언덕에 서 있는데, 그들은 까마득한 절벽 아래에서 기어오를 엄두도 못 내고 있었습니다.

   그 이후로 저는 가난한 사람들에 대한 빚진 마음을 잊지 않으려고 노력해 왔습니다. 나에게 주어진 것 중에서 내가 누릴 몫을 줄이고 나보다 못한 환경에 있는 분들을 도울 길을 찾아왔습니다. 아직도 제가 하고 싶은 만큼 혹은 해야 하는 만큼 충분히 나누지는 못하고 있습니다. 그것이 늘 저에게는 부담입니다. 그들을 도와야 한다는 빚진 마음과 이기적인 욕심 사이에서 자주 흔들리는 저 자신을 발견합니다.

   그런 마음을 가지고 저는 약 10년 전 '미주목회멘토링사역원'을 시작했습니다. 후배 목회자들이 저에게 어떤 기대를 걸고 있음을 느낄 때마다 '난 그런 사람 아닙니다' 하고 숨고 싶습니다. 하지만 생각을 바꿔 먹은 이유가 있습니다. 그러한 기대를 당연하게 여기고 내가 뭐라도 되는 양 행세하고 누리는 것은 위험천만한 일이지만, 그것을 후배 목회자들을 섬기는 도구로 사용하면 유익하다고 생각했습니다. 그래서 저는 저의 시간과 경험과 지식을 내어놓았는데, 이를 알고 자신의 돈을 내어놓는 분들이 있었습니다. 그 덕분에 벌써 10년 넘게 이 일을 계속해 오고 있습니다.

목회라는 작은 세계에서 저는 어느새 기울어진 운동장의 높은 자리에 서 있습니다. 그러니 운동장 아래에 있다고 생각하는 목회자들을 어떻게든 도와야 한다는 부름을 느낍니다. 미국의 소도시에서 목회하는 분들 가운데 깊은 절망과 불안과 분노를 품고 있는 분들을 마주하는 경우가 있습니다. 그분들의 이야기를 듣다 보면 같은 목회자로 부름을 받았는데, 내가 이렇게 살아도 되나 싶은 부담감이 몰려옵니다. 매년 여는 '목회자·신학생 멘토링 컨퍼런스'는 힘들고 지치는 일이지만 바로 이 부담감 때문에 기쁨으로 감당하고 있습니다.

믿음이 좋다는 사람들 중에는 '축복의 논리'에 함몰된 이들이 있습니다. 자신이 소유하고 누리고 있는 것을 거룩한 삶에 대한 하나님의 축복이라고 생각하는 것입니다. 이 논리에 빠지면 두 가지 문제가 발생합니다. 하나는 실제로는 거룩하게 살고 있지 않으면서도 물질적 조건 때문에 스스로를 거룩하다고 착각하는 것입니다. 다른 하나는 자신의 소유를 모두 축복으로만 여기기 때문에 하나님께 드리고 이웃과 나누는 데 인색해지는 것입니다. 이런 책임감을 전혀 느끼지 못하는 사람들도 많습니다. 운동장 아래편에서 얼마나 많은 사람들이 절망과 불안과 분노를 품고 살아가는지 알려고 하지 않습니다. 알아도 자신과는 상관없다고 생각합니다.

'축복의 논리'의 반대편에 '청지기 논리'가 있습니다. 우리가 누리고 있는 모든 것은 하나님이 뜻이 있으셔서 우리에게 맡기셨다고 믿는 것입니다. 이 논리에 따르면 물질적 번영과 성공과 지식과 능력은 우리가 거룩하다는 증거가 아닙니다. 오히려 그것을 통해 거룩함을 증명해야 합니다. 내가 얼마나 많이 가졌느냐가 아니라 내가 얼마나 나누었느냐가 내 믿음의 수준을 보여 줍니다. 그렇기에 하나님께 드리고 이웃에게 나누는 일에 어떻게든 마음을 쏟습니다. 이것이 예수님의 가르침입니다.

분노를 녹이는 힘

당신은 그동안 어떻게 살아왔습니까? 혹시 기울어진 운동장의 위편에서 살아왔습니까? 감사할 일입니다. 하지만 또한 마음을 낮추고 고개를 숙여야 합니다. 몇 년 전에 어떤 젊은 여성이 "돈 많은 부모를 둔 것도 실력이야!"라고 말해서 온 국민의 분노를 산 적이 있습니다. 그런 생각이 얼마나 죄스러운 것인지를 알아야 합니다.

우리에게 다른 사람에게 없는 무엇이 있다면, 그것은 우리의 실력이 아니라 갚아야 할 빚입니다. 주어진 것에 감사하면서 운동장 아래편에서 분노와 불안과 절망을 마음에 쌓고 있는 사람들을 돌아보아야 합니다. 혹시 우리에게 능력이 있다면 기울어진 운동장을 바로잡기 위해 할 일을 찾아야 합니다. 그것이 우리의 힘에서 벗어나는 일이라면, 뒤처지고 낙오된 사람들을 위해 시간과 물질을 나눠야 합니다. 자신이 얼마나 부자인지를 자랑하는 것은 그리스도인에게 부끄러운 일입니다. 오히려 물질로써 우리의 믿음을 증명할 수 있어야 합니다.

혹시 당신은 기울어진 운동장의 아래편에서 살아왔습니까? 지금도 여전히 기울어진 운동장 아래에서 벗어나지 못하고 있다 싶습니까? 잠잠히 자신을 돌아보시기 바랍니다. 당신에게 주어진 것이 아주 없지는 않을 것입니다. 낙심한 사람에게 건넬 만한 따뜻한 손이라도, 따뜻한 등이라도 혹은 눈물 한 방울이라도 있지 않습니까? 세상이 혹시 당신에게 피해자라는 인식을 심어 주려 해도 속지 마시기 바랍니다. 당신은 온 우주의 주인이신 하나님의 사랑받는 자녀입니다. 지금 당신이 서 있는 기울어진 운동장이 전부가 아닙니다. 그러니 어깨를 펴시고 당신보다 더 낮은 곳에 있는 사람에게 손을 내밀어 보십시오. 그것이 주님께서 보고 싶어 하시는 우리의 모습입니다.

묵상과 나눔을 위하여

1. '기울어진 운동장' 비유에 비추어 당신이 살아온 과정을 생각해 보십시오. 당신은 주어진 조건의 덕을 입고 살았습니까? 주어진 상황과 싸우며 살았습니까?

2. 지금 당신의 상황을 생각해 보십시오. 당신보다 더 낮은 곳에서 살고 있는 사람들에 대해 당신은 어떤 마음을 갖고 살고 있습니까? 희년 정신을 실천한다면 어떻게 달라지겠습니까?

3. 당신은 '축복의 논리'와 '청지기 논리' 중 어느 논리를 따라 살고 있습니까?

6장

현실을 넘어
진실을

세상 너머의 세상

저는 앞 장에서 기울어진 운동장에 대해 쓰면서 우리 자신을 피해자로만 보지 말자고 했습니다. 또한 우리 자신에게 주어진 것을 모두 개인이 노력해서 얻었다고 생각하지 말자고 했습니다. 기울어진 운동장에서 유리한 입장에 있다고 생각된다면, 할 수 있는 대로 기울어진 운동장을 바로잡기 위해 힘쓰는 동시에, 기울어진 운동장으로 말미암아 피해 입은 이들을 돌보자고 했습니다. 그것이 예수님이 시작하신 희년의 사역입니다.

그런데 이와 함께 병행해야 할 또 다른 일이 있습니다. 어찌 보면 그보다 더 중요하고 더 근본적인 일입니다. 특별히 믿는 사람들이 꼭 해야 할 일입니다. 눈을 들어 하나님 나라를 보는 일이 그것입니다. 하나님 나라를 보고 그 나라를 경험하고 그 나라를 믿는 것입니다. 그러면 기울어진 운동장이 전부가 아님을 알게 됩니다. 아니, 기울어진 운동장이 거꾸로 보입니다. 운동장의 위편에 있던 사람들이 실은 불리한 입장에 있고, 운동장의 아래편에 있는 사람들이 유리한 입장에 있다는 사실을 알게 됩니다. 그렇게 되면 기울어진 운동장에서 높은 자리에 오르려고 기를 쓰고 경쟁하지 않을 수 있습니다. 그것보다 더 중요하고 더 가치 있는 목표를 하나님 나라 안에서 발견하기 때문입니다.

'하나님 나라'를 죽어서 가는 천당으로만 이해하는 사람들이 많습니다. 하지만 예수님이 말씀하신 하나님 나라는 '가는 곳'이기 이전에 '오는 곳'입니다. 예수님은 "죽고 나서 천국에 가라"고 말씀한 적이 별로 없습니다. 하나님 나라 혹은 천국에 대해 수많은 말씀을 하셨는데, 그때마다 예수님은 "천국이 가까이 왔다" 혹은 "하나님 나라가 너희 중에 있다"고 말씀하셨습니다. 그러니까 예수님이 말씀하신 하나님 나라는 '미래에' '죽고 나서' '가는' 곳이기 이전에 '지금' '여기에' '뚫고 들어오는' 나라입니다.

그 나라는 영적 나라입니다. 눈에 보이는 나라가 아닙니다. 지도에 표시할 수 있는 나라가 아닙니다. 물리적 공간을 초월하는 나라입니다. 우리가 살고 있는 이 세상, 이 우주를 에워싸고 있고 또한 그 안에 숨어 있는 나라입니다. 지금 우리는 육신과 물질만을 볼 수 있을 뿐이어서 하나님 나라를 보지 못합니다. 하나님 나라는 오직 우리의 마음의 눈으로만 볼 수 있습니다. 그 나라는 우리 위에 있고 우리 안에 있습니다. 그래서 바울 사도는 이렇게 말했습니다.

> 하나님은 모든 것의 아버지시요, 모든 것 위에 계시고 모든 것을 통하여 계시고 모든 것 안에 계시는 분이십니다. (엡 4:6)

기억해 둘 만한 말씀입니다. 하나님 나라는 모든 것 위에 있고 모든 것을 통하여 있으며 모든 것 안에 있습니다. 너무나 크고 너무나 은밀하고 너무나 신비하여 지금 우리의 오감으로는 그 나라를 보기 어렵습니다. 예수님이 다시 오시는 날에는 감춰져 있던 그 나라가 환히 드러날 것입니다. 지금 우리가 현실이라고 생각하는 것들이 모두 비현실이 되고, 지금 비현실이라고 생각하는 것들이 현실이 될 것입니다. 그래서 '나라'라고 하기보다는 '다스림'이라고 표현합니다. 저는 요즘 이것을 '차원'이라고 표현합니다. 하나님의 나라는 곧 하나님의 다스림이며 우리가 경험하고 있는 것과는 다른 차원입니다. 그래서 어떤 시인은 이렇게 노래했습니다.

> 그 옛날 주님께서는 땅의 기초를 놓으시며, 하늘을 손수 지으셨습니다. 하늘과 땅은 모두 사라지더라도, 주님만은 그대로 계십니다. 그것들은 모두 옷처럼 낡겠지만, 주님은 옷을 갈아입듯이 그것들을 바꾸실 것이니, 그것들은 다만, 지나가 버리는 것일 뿐입니다. (시 102:25-26)

하나님이 영원하시기에 하나님 나라도 영원합니다. 예수 그리스도는 그 나라를 몸소 증명해 보이셨고 그 나라를 보도록 우리의 눈을 뜨게 해 주십시오. 그리고 그 나라를 경험하게 하시고 살게 하십시오. 결국 낡아 없어질 이 세상에서 영원한 하나님 나라를 경험하게 해 주십시오. 그리고 그 나라의 사람으로 이 세상을 살게 하십시오.

뒤집어 보는 세상

우리가 살고 있는 이 세상은 기울어진 운동장과 같아서 태어나면서부터 불공정한 게임에 들어서는 것이 인생입니다. 때로는 그 불공정과 불의가 너무도 심합니다. 시편에는 이러한 현실에 대한 절규가 자주 나옵니다. 아삽은 기울어진 운동장에서 유리한 위치를 점하고 악을 일삼는 사람들을 두고 이렇게 기도합니다.

> 그들은 죽을 때에도 고통이 없으며, 몸은 멀쩡하고 윤기까지 흐른다. 사람들이 흔히들 당하는 그런 고통이 그들에게는 없으며, 사람들이 으레 당하는 재앙도 그들에게는 아예 가까이 가지 않는다. 오만은 그들의 목걸이요, 폭력은 그들의 나들이옷이다. 그들은 피둥피둥 살이 쪄서, 거만하게 눈을 치켜뜨고 다니며, 마음에는 헛된 상상이 가득하며, 언제나 남을 비웃으며, 악의에 찬 말을 쏘아붙이고, 거만한 모습으로 폭언하기를 즐긴다. 입으로는 하늘을 비방하고, 혀로는 땅을 휩쓸고 다닌다. (시 73:4-9)

이것이 현실입니다. 오늘 우리가 사는 세상은 더욱 그렇습니다. 기울어진 운동장에서 유리한 위치를 선점한 사람들은 그것을 자신의 능력의 결과로 여기고는 자신의 욕망대로 말하고 행동합니다. 그들의 오만함과 야만성과 비열함은 점점 더 심해지고 있습니다. 그런 사람들의 불행한 끝을 볼 수 있으면 좋겠는데, 현실은 어떻습니까? 아삽이 이렇게 말합니다.

> 그런데 놀랍게도, 그들은 모두가 악인인데도 신세가 언제나 편하고, 재산은 늘어만 가는구나. (시 73:12)

기득권자들은 기울어진 운동장의 현실을 고착시키고(혹은 더 심하게 기울이고) 윗자리에서 대대손손 누리려 합니다. 이런 현실을 보면 분노와 불안과 절망의 감정이 우리 안에 누적될 수밖에 없습니다. 그렇기에 우리는 하나님 나라를 보아야 합니다. 그 나라를 보면, 지금 우리 눈에 보이는 기울어진 운동장이 전부가 아님을 알게 됩니다. 현실을 넘어서는 진실을 보게 됩니다. 아삽이 불의한 현실에서 느끼는 좌절과 절망을 해소한 것은 하나님 나라를 보고 나서의 일입니다. 그래서 그는 같은 시편에서 이렇게 말합니다.

> 내가 이 얽힌 문제를 풀어 보려고 깊이 생각해 보았으나, 그것은 내가 풀기에는 너무나 어려운 문제였습니다. 그러나 마침내 하나님의 성소에 들어가서야, 악한 자들의 종말이 어떻게

되리라는 것을 깨닫게 되었습니다. (시 73:16-17)

"마침내 하나님의 성소에 들어가서야!" 바로 여기에 열쇠가 있습니다. 하나님의 성소에 들어가 하나님에게 눈뜨고 하나님 나라에 눈뜨고 하나님의 미래에 눈뜨니 진실을 보게 된 것입니다. 지금 눈에 보이는 현실이 전부가 아님을 알게 된 것입니다. 아삽은 성소에서 그런 나라가 있음을 기억하는 것만으로도 분노와 불안과 절망의 감정을 걷어 낼 수 있었습니다.

그 나라를 우리는 예수 그리스도 안에서 경험합니다. 그분은 그 나라가 지금 이곳에 역사하고 있음을 보게 하십니다. 그리고 그 나라를 살게 하십니다. 그렇기에 예수 그리스도를 믿으면 더 분명하게 세상이 달라 보입니다. 세상이 거꾸로 보입니다. 기울어진 운동장이 뒤집히는 것입니다. 왜곡된 현실에 가려져 있던 진실이 보이는 것입니다. 그래서 바울 사도는 이렇게 말합니다.

그러므로 이제부터 우리는 아무도 육신의 잣대로 알려고 하지 않습니다. 전에는 우리가 육신의 잣대로 그리스도를 알았지만, 이제는 그렇지 않습니다. 누구든지 그리스도 안에 있으면, 그는 새로운 피조물입니다. 옛것은 지나갔습니다. 보십시오. 새것이 되었습니다. (고후 5:16-17)

'육신의 잣대로 아는 것'은 눈에 보이는 현실만 보는 것을 의미합니다. 그리스도 예수 안에서 바울은 세상을 새롭게 보게 되었습니다. 하나님 나라를 보게 되었고 그로 말미암아 진실을 보게 되었습니다. 그로 말미암아 그의 세계관이 뒤집혔습니다.

전에 절대라고 보이던 것이 상대화되었습니다. 전에 전부로 생각되었던 것이 이제는 일부가 되었습니다. 전에 중요해 보였던 것이 중요하지 않게 보입니다. 전에는 높아 보였던 것이 이제는 낮아 보입니다. 전에는 좋아 보이던 것이 이제는 좋아 보이지 않습니다. 전에는 무가치해 보이던 것이 이제는 가치 있어 보입니다. 하나님 나라를 보고 나서 세상을 보는 눈이 달라진 것입니다.

거꾸로 보고 거꾸로 산다

한때 바울은 유대 사회라는 기울어진 운동장에서 율법학자로서 가장 높은 자리에 오르기를 꿈꾸었습니다. 하나님 나라를 보기 전에는 그것이 성공이라고 생각했습니다. 그런데 하나님 나라를 보고 나니 그것이 의미가 없어 보였습니다. 그래서 그는 이렇게 말합니다.

> 나는 내게 이로웠던 것은 무엇이든지 그리스도 때문에 해로운 것으로 여기게 되었습니다. 그뿐만 아니라, 내 주 예수 그리스도를 아는 지식이 가장 고귀하므로, 나는 그 밖의 모든 것을 해로 여깁니다. 나는 그리스도 때문에 모든 것을 잃었고, 그 모든 것을 오물로 여깁니다. 나는 그리스도를 얻고, 그리스도 안에 있는

사람으로 인정받으려고 합니다. (빌 3:7-9)

영원하고도 절대적인 하나님 나라를 보고 믿고 나니, 이 땅에서 성공하는 것은 의미가 없어졌습니다. 하나님 나라를 더 깊이 체험하고 그 나라를 전파하고 그 나라를 위해 사는 것만이 그의 관심사가 되었습니다. 그렇기에 그는 물질적으로 가난해지는 것, 육신적으로 고난받는 것, 사람들에게 모함받는 것 그리고 목숨에 위협이 될 정도로 박해를 당하는 것을 얼마든지 견딜 수 있었습니다. 그러면서도 그는 어느 누구보다 행복하게 살았습니다. 그래서 그는 자신에 대해 이렇게 썼습니다.

우리는 속이는 사람 같으나 진실하고, 이름 없는 사람 같으나 유명하고, 죽는 사람 같으나, 보십시오, 살아 있습니다. 징벌을 받는 사람 같으나 죽임을 당하는 데까지는 이르지 않고, 근심하는 사람 같으나 항상 기뻐하고, 가난한 사람 같으나 많은 사람을 부요하게 하고, 아무것도 가지지 않은 사람 같으나 모든 것을 가진 사람입니다. (고후 6:8-10)

하나님 나라에 대해 말하는 사람은 '속이는 사람'처럼 보일 수 있습니다. 당시 바울이 사람들을 미혹시킨다고 비난하는 사람들이 많았습니다. 물질과 육신만을 아는 사람들은 하나님 나라가 뜬구름 잡는 일처럼 보일 수 있습니다. 그러나 하나님 나라를 본 사람들에게는 그것이야말로 진실 중의 진실입니다.

그렇기에 복음을 전하는 사람이야말로 '진실한 사람'입니다.

하나님 나라를 위해 사는 사람은 세상적으로는 '이름 없는 사람'일 수 있습니다. 그런 사람은 세상이 알아주지 않습니다. 하지만 영원하신 하나님이 알아주시기에 그는 진정으로 '유명한 사람'입니다. 하나님 안에서 그의 이름은 영원할 것입니다.

바울 사도는 인간적으로 근심할 수밖에 없는 상황에서 살고 있었습니다. 물질적으로 궁핍했고 늘 박해에 직면해야 했고 언제나 옮겨 다녀야 했습니다. 때로는 그가 열정을 쏟은 교인들로부터 오해도 샀습니다. 그런데 그런 상황에서도 그는 항상 '기뻐'했습니다. 물질적인 환경을 넘어선 기쁨의 이유가 있었기 때문입니다.

그는 많은 사람들을 '부요하게' 했습니다. 그에게는 물질적으로 그렇게 할 만한 재력이 없었습니다. 하지만 하나님 나라를 보도록 사람들의 눈을 열어 줌으로써 물질적 조건이 전부가 아님을 알게 했습니다. 그는 영원하고 절대적인 것을 믿었기에 불실적인 것에 대해서는 자족할 수 있었고 다른 사람들도 그렇게 하도록 도왔습니다. 그는 세상적으로는 아무것도 가지지 않았지만 하나님께는 모든 것을 가진 사람이었습니다.

위에서 인용한 바울 사도의 말씀을 물질세계를 전부로 알고 있는 사람에게 적용하여 패러디를 하면 이렇게 됩니다.

> 그들은 진실한 사람 같으나 속이는 사람이요, 유명한 사람 같으나 이름 없는 사람이며, 살아 있는 것 같으나, 보십시오,

죽어 있습니다. 보상을 받는 사람 같으나 참된 생명을 얻지는 못하고, 기뻐하는 사람 같으나 늘 근심하고, 부유한 것 같지만 실은 가난하고, 모든 것을 가진 사람 같지만 아무것도 가지지 못한 사람입니다.

어떻습니까? 이 패러디를 읽을 때 떠오르는 사람들이 있지 않습니까? 부모에게 물려받은 재산으로 마치 세상이 자기 것이라도 되는 양 인생을 허비하며 사는 일부 재벌가 사람들, 자신에게 맡겨진 권력이 자신의 것이라도 되는 양 오만하게 구는 일부 정치인들, 대중 앞에 나타날 때마다 지옥 같은 사생활을 감추고 화려한 모습을 연출하는 일부 연예인들…. 이런 사람들이 생각나지 않습니까? 영적인 면을 보지 못하면 이런 사람들이 부러워지고 또한 분노가 일어날 수 있습니다. 하지만 하나님 나라를 안다면 그들의 현실 뒤에 있는 진실을 볼 수 있습니다.

그렇다면 당신은 어떻습니까? 오리지널에 가깝습니까? 아니면 패러디에 가깝습니까? 만일 패러디에 가깝다면 그 이유는 하나입니다. 하나님 나라를 보지 못하고 믿지 못하고 있기 때문입니다. 예수 그리스도 안에서 하나님 나라에 눈뜨기 전까지 우리는 패러디에 해당하는 삶을 살 수밖에 없습니다. 만일 예수 그리스도를 믿는다고 하면서도 여전히 패러디의 삶의 방식에서 한 걸음도 나아가지 못하고 있다면 자신의 신앙을 깊이 반성해야 합니다. 예수 그리스도 안에서 세상을 새롭게 보는 변화를 경험하지 못했다는 증거이기 때문입니다.

기울어진 운동장에서 살아가야 하는 우리 인생의 문제에 대한 궁극적 해결책이 바로 여기에 있습니다. 영원하고도 절대적인 하나님 나라를 보는 것 그리고 그 나라를 믿고 그 나라를 체험하는 것입니다. 그것을 보고 경험하여 믿는다면 기울어진 운동장에서 유리한 입장에 있다고 하여 그것을 누리려 하지 않을 것입니다. 하나님 나라의 정의를 알기에 자신에게 주어진 힘으로 기울어진 운동장을 고치기 위해 힘쓸 것이고, 정의롭지 못한 현실로 인해 피해를 입어야 하는 사람들을 돌아볼 것입니다. 영원하고 절대적인 하나님 나라를 보았기에 자신에게 주어진 것을 기꺼이 나눌 것입니다.

하나님 나라를 보고 믿는 사람이라면 기울어진 운동장으로 말미암아 불이익을 당하고 있다고 하여 분노를 쌓고 불안해하며 절망하지만은 않을 것입니다. 그것은 하나님 나라 관점에서는 잠시 잠깐 당하는 손해일 뿐이기 때문입니다. 그것과는 비교할 수 없는 것이 그리스도 예수 안에서 약속되어 있기 때문입니다. 그렇기 때문에 모두가 추구하는 목표를 향해 경쟁하기를 기꺼이 포기하고 하나님이 자신에게 맡기신 일을 찾아 헌신할 수 있습니다. 그렇게 되면 기울어진 운동장의 아래편에 있다 해도 기쁨을 누리며 살 수 있음을 알 것입니다. 아니, 때로 세상적으로 불리한 것이 오히려 영적으로는 유리해질 수도 있음을 알 것입니다.

하나님 나라를 본 사람들
얼마 전, 후배 목사님이 마음 찡해지는 이야기를 전해 주셨습니다.

그 목사님은 제가 사는 지역에서 교회를 개척한 후 어렵게 목회하고 계십니다. 힘든 상황에서도 얼마나 신실하고 신실하게 목회하는지, 만날 때마다 고개가 숙여집니다. 목회자의 신실함에 따라 교회가 외적으로 성장한다면, 그분이 섬기는 교회는 이 지역 최대 교회가 되었어야 마땅하다고 여겨질 정도입니다.

얼마 전에 그분이 섬기는 교회는 문을 닫아야 하는 작은 예배당 건물을 교단으로부터 선물받았습니다. 교인이 많지는 않지만 자체 건물을 얻었으니 교인들이 얼마나 기뻤을까요? 다만 그 교회 교인들은 대부분 매우 어렵게 사시는 분들이라, 교회 주변 잔디를 조경 업체에 맡기는 대신 목사님이 직접 관리해야 했습니다. 목사님은 잔디를 깎다가 덩굴 옻나무의 옻이 올라 자주 고통을 당하셨습니다. 교인들은 그 일을 안타까워했습니다.

그러던 중 그 교회의 한 자매가 일터에서 좋은 믿음의 사람을 만났습니다. 그 자매는 다른 사람의 가게에 고용되어 일하면서 어렵게 사는 분입니다. 그 자매는 정기적으로 만나는 고객 중에 레지나라는 사람과 친해졌습니다. 같은 믿음의 사람이라는 것을 알고 친해진 것입니다. 레지나가 어느 날 그 자매를 찾아와 말합니다. "내가 친구들과 함께 '소원을 들어주는 기도 모임'을 하고 있습니다. 기도하는 중에 누군가 도움이 필요한 사람이 생기면 돈을 모아 그 사람을 돕는 모임입니다. 그 모임에서 당신의 소원을 들어주기로 했습니다. 당신이 생활고 때문에 10년이 넘도록 조국에 가 보지 못했다고 들었는데, 우리 모임에서 당신의 한국행 비행기표와 여비를 마련해 드리겠습니다."

참 귀한 사람들이지요? 그들이 하나님 나라를 아는 사람들이기에 그런 모임을 시작한 것이지요. 자신들에게 있는 재정적 여유로 어려운 사람들을 돕기로 했으니 말입니다. 그런데 그 말을 들은 그 자매가 이렇게 답했다고 합니다.

"제 소원은 우리 교회에 필요한 잔디 깎는 전동차를 사는 것입니다. 제가 가서 잔디를 깎지 못하니, 목사님에게 전동차를 사 드리면 좋겠습니다. 한국 가는 것은 제가 알아서 할 터이니, 그 소원을 들어주십시오."

얼마 후에 레지나가 다시 와서 말합니다. 기도 모임에서 이 문제를 두고 의논한 결과 1년 동안 그 모임에서 조경 업체에 비용을 지불하고 교회 잔디를 깎도록 계약을 했다는 겁니다. 그 목사님은 이 이야기를 듣고 눈물겨운 감사를 드렸습니다. 하나님과 교회를 생각하는 그 자매의 마음이 너무 귀했기 때문입니다. 또한 자랄 만하면 깨끗하게 깎여 있는 잔디를 볼 때마다 천사가 다녀간 것 같다고 하십니다.

이 이야기를 들으면서 저는 기울어진 운동장의 아래편에서만 경험할 수 있는 하나님의 은총이 따로 있다는 사실을 새삼 느꼈습니다. 넉넉한 환경에서 누릴 것 다 누리며 사는 사람들은 이런 찡한 은총을 경험하지 못합니다.

그 자매가 어떻게 이렇게 할 수 있었습니까? 그분은 하나님 나라를 보았고 또한 그 마음에 그 나라를 품었던 것이 분명합니다. 그렇기에 그런 갸륵한 생각을 한 것이지요. 교회와 하나님을 향한 사랑 때문에 왕복 비행기표를 반납하는 것이 하나도 아깝지 않았던 것입니다. 물질적으로는 큰 것을 희생했지만 그것과는 비교할 수 없는 기쁨을 느꼈음에 틀림이 없습니다.

그 목사님은 여전히 기울어진 운동장의 밑바닥에 있고 그 자매도 역시 절벽 같은 상황에서 살고 있습니다. 하지만 그분들의 마음은 그 누구보다도 부자입니다. 하나님 나라를 보았기 때문입니다. 바울 사도가 고백한 것처럼 그분들은 가진 것이 아무것도 없지만 다 가진 것처럼 살고 있습니다. 그래서 그들은 기울어진 운동장에서 다른 사람과 경쟁하기를 원하지 않습니다. 자신이 선 자리에서 서로를 돌아보고 품어 가며 하나님 나라를 전하려 할 뿐입니다.

반면, 잊을 만하면 터지는 재벌들의 갑질 행태를 생각해 보십시오. 부하 직원들에게 욕설을 퍼붓는 영상이나 음성 파일을 보면 그들이 얼마나 불행한 사람들인지를 알 수 있습니다. 그들은 보통 사람들과 비교하면 까마득히 깎아지른 절벽 위에 살고 있는 사람들입니다. 하지만 그들의 마음에는 만족과 안식과 행복이 없습니다. 그렇기에 사소한 자극에도 폭발하여 속에 있는 야만성이 추하게 드러나는 것입니다.

다들 살기가 어렵다고 말합니다. 절망적인 상황에서 어찌하면 좋겠느냐고 묻는 메일을 전보다 더 많이, 더 자주 받습니다. 목회자들만이 아니라 번듯한 스펙을 가진 사람들도 그런 메일을 보내옵니다. 우리가 사는 현실이 분명히 어렵습니다. 이런 메일에 답하려 할 때마다 막막합니다. 뭐라 드릴 말씀이 마땅하지 않기 때문입니다. 그분들이 겪는 문제는 그분들의 마음의 질병 때문이기도 하고, 관계에서 얻은 상처 때문이기도 하며, 그들로서는 어찌할 수 없는 환경 때문이기도 합니다. 그러니 그 문제를 해결하려면 여러 문제를 함께 다루어야 합니다. 그래서 답하기가 더욱 어렵지요.

그런데 한 가지 분명한 길이 있습니다. 눈을 들어 하나님 나라를 보는 것입니다. 눈앞에 있는 현실만을 보지 말고 하나님 나라를 보고 진실에 눈뜨는 것입니다. 모든 치유와 회복은 그 나라를 보고 경험하고 믿는 것에서 시작합니다. 그것이 마음의 질병을 치유하는 출발점이요, 관계에서 오는 상처를 치유하는 힘이며, 사방으로 조여 오는 상황에서 솟아날 힘입니다. 그 나라를 보고 그 힘을 얻는다면 현실에서 겪어야 하는 어려움들을 대면할 수 있고 돌파할 수 있을 것입니다.

묵상과 나눔을 위하여

1. 믿음은 하나님 나라에 눈뜨고 그 나라를 살아가는 것입니다. 당신은 하나님 나라를 믿고 그 나라에 눈뜨는 경험을 했습니까? 하나님 나라에 눈뜬다는 말은 무슨 뜻입니까?

2. 당신은 세상의 가치관을 따라 살고 있습니까? 아니면 하나님 나라를 보고 그 나라의 가치관을 따라 살고 있습니까? 어떻게 하면 이 땅에서 하나님 나라를 살 수 있을까요?

3. 하나님 나라를 보았기에 할 수 있는 일이 따로 있습니다. 당신의 경험이나 다른 사람의 경험 중에서 하나님 나라를 보았기에 할 수 있었던 일을 생각해 보십시오.

4부

고난을 믿음으로 품기

"우리가 그동안 만났던 사람들 중 가장 아름다운
사람들은 실패와 고난과 갈등과 상실을 겪어
그 깊은 골짜기를 통과한 사람들이다.
이 사람들은 인생에 대한 감사와 배려와
이해를 가지고 있으며 그로 인해 그들의 마음에는
사랑과 친절과 깊은 애정이 가득하다.
아름다운 사람들은 단순히 생겨나는 것이 아니다."

— 엘리자베스 퀴블러 로스

너싱홈 라운지

한쪽 벽에 걸려 있는 TV에서는
소리 없이 몸짓만 요란하고
군데군데 휠체어에는
사람들이 앉아 있다

어떤 이는 고개를 기역자로 꺾고
잠자고 있고
어떤 이는 무릎 담요를 접었다 폈다
무한 반복하고 있다
규칙적으로, 절도 있게

또 어떤 이는 요거트로
입술을 허옇게 칠하고 있고
또 어떤 이는 새빨간 립스틱을
입술 언저리에 바르고 또 바른다

한마디 말도 없이
아무 표정 없이
모두 각자
자기 일에 몰두하고 있다

맞은편 사무 공간에서도
간호사들과 직원들이
분주히 제 일을 하고 있다
표정 없이,
말도 없이,
마치 입력된 명령에 따라 움직이는 인공지능 로봇처럼…

모든 것이 유보된,
모든 것이 증발된,
모든 것이 정지된,
천국의 입구에서 느끼는
이 무거운 침묵
이 아픈 공허

그곳에서 보는
그분의 슬픈 눈빛

7장

○

하 나 님 으 로

충 분 하 다

결핍 의식

어떤 통계에 따르면, 2018년 SNS에서 가장 많이 사용된 단어가
'혐오'와 '분노'라고 합니다. 분노가 우리 사회의 기본 정서라고
봐도 무방할 듯합니다. 사실, 이것은 최근에 갑자기 생겨난 현상이
아닙니다. 수년 전부터 사회학자들은 우리 사회를 '분노 사회'
혹은 '우울 사회'라고 불러 왔습니다. 최근에는 '파편 사회'라는
용어도 등장했습니다.

문제는 왜, 무엇 때문에 혹은 누구를 향하여 분노하고 있는지
분명하지 않은 경우가 많다는 사실입니다. 자신도 모르고,
그를 치료하는 정신과 의사도 모릅니다. 그만큼 분노의 원인이
다양하다는 뜻이겠지요. 그렇기에 분노가 해결되지 않습니다.

원인을 모르면 그 문제를 해결할 수도 없는 법이니까요.

어떤 사람은 그 분노를 마음에 꾹꾹 쌓아 놓고 삽니다. 마음에 쌓인 분노는 그 사람의 정서를 우울하게 만듭니다. 굳이 우울증 진단을 받지 않았어도 일상이 늘 우울한 사람들이 우리 주변에 적지 않습니다. 그것이 우리 사회를 우울하게 만드는 원인입니다.

또 다른 사람은 분노를 아무에게나 터뜨립니다. 마치 '누구든 건드리기만 해 봐!'라고 작심하고 살아가는 것 같습니다. 특히 자신보다 약해 보이는 사람들 혹은 아무런 저항 능력이 없는 사람들에게 작은 트집을 잡아서 엄청난 분노를 쏟아 놓습니다.

사람들의 분노를 파고들어 가면 '결핍 의식'에 가닿습니다. 다른 사람에겐 다 있는 어떤 것이 나에게만 없다 싶으면 그런 감정이 일어납니다. 다른 사람은 다 잘살고 있는 것 같은데 나만 가난하게 살고 있는 것 같을 때 혹은 다른 사람은 다 잘나가는데 나만 하는 일마다 안 된다 싶을 때, 분노가 치밀어 오릅니다. 나 혼자라면 하루 한 끼 먹어도 자족할 수 있는데, 곁에서 다른 사람은 하루 세 끼를 먹는다면, 뭔가 빼앗긴 느낌이 드는 겁니다. 빼앗길 만한 이유가 자신에게 없다 싶으면 분노가 치밀어 오르는 것이지요.

잠시 자신의 마음을 들여다보시기 바랍니다. 당신의 마음에도 여러 감정이 뒤섞여 있을 것입니다. 감사도 있겠고, 염려도 있을 것이며, 섭섭함과 분노도 있을 것입니다. 그 감정들 중에 가장 큰 비중을 차지하고 있는 것은 무엇입니까? 혹시 당신의 마음도 분노가 지배하고 있지는 않은지요? 왜 그 분노가 당신의 마음에 똬리를 틀게 되었습니까?

좋다, 아주 좋다!

창세기 1장은 하나님이 천지를 창조하신 과정을 큰 그림으로 그리고 있습니다. 2장에서는 카메라의 포커스를 좁혀 인간의 창조 과정에 맞춥니다. 하나님은 창조의 하루를 마칠 때마다 당신이 창조하신 것을 보시면서 "좋다"고 하십니다. 창조의 여섯째 날, 인간을 지으시고 모든 피조 생명을 인간이 관리하도록 맡기셨을 때는 "참 좋다"고 말씀하십니다.

"좋다"에 해당하는 히브리어 '토브'는 모든 것이 온전한 상태, 즉 서로 균형과 조화를 이루고 있는 상태를 의미합니다. 하나님의 창조는 결핍된 것 하나 없이 완전하고 충만했다는 뜻입니다. 하나님의 절대적 기준에서 합격점을 받았으니 더 말할 것이 없습니다.

창조의 6일을 지나 일곱째 날에 하나님은 쉬셨습니다. 여기서 "쉬셨다"는 말을 우리가 쉬는 것과 같은 의미로 오해하지 말아야 합니다. 우리는 일을 하다가 힘이 빠지면 쉽니다. 일하기 싫어도 쉽니다. 하지만 하나님은 피곤하여 쉬신 것이 아닙니다. 이사야를 통해 주신 말씀을 기억하지 않습니까?

> 너는 알지 못하였느냐? 너는 듣지 못하였느냐? 주님은 영원하신 하나님이시다. 땅 끝까지 창조하신 분이시다. 그는 피곤을 느끼지 않으시며, 지칠 줄을 모르시며, 그 지혜가 무궁하신 분이시다. (사 40:28)

우리는 피조물이기에 일을 하다가 지치기도 하고 싫증을 내기도 합니다. 하지만 하나님은 전능하신 분입니다. 그렇기에 그분은 힘을 회복하기 위해 쉬실 필요가 없습니다. 일곱째 날에 하나님은 아무 일도 하지 않으신 것이 아니라 결핍을 채우는 일을 다 마치고 완성된 피조 세계를 감상하고 축하하고 즐거워하셨습니다.

나중에 하나님은 모세를 통해 일곱째 날을 안식일로 지키라고 하셨습니다. 안식일 명령의 근본정신은 하나님의 안식에 근거합니다. 그렇다면 우리는 일주일에 한 번 일손을 멈추고 하나님이 이미 준비해 주신 것만으로 충분하다는 사실을 깨닫고 그것으로 즐거워하고 그것을 나누고 축하하고 감사해야 합니다. 그렇게 함으로써 일주일 동안 일을 하면서 빠졌을지도 모르는 결핍 의식을 벗어 버리고 하나님이 준비해 주신 것만으로도 충분하다는 충족 의식을 회복해야 합니다. 그래서 아브라함 요수아 헤셸(Abraham Joshua Heschel)은 『안식』(*The Sabbath*, 복있는사람)이라는 책에서 이렇게 말했습니다.

> 자유를 위해 떼어 놓은 한 주의 한 날, 곧잘 파괴의 무기로 둔갑하는 도구들을 사용하지 않는 날, 자신을 돌아보는 날, 속된 것을 멀리하는 날, 형식적인 의무에서 벗어나는 날, 기술 문명의 우상들을 숭배하지 않는 날, 돈을 쓰지 않는 날, 이익을 얻고자 동료 인간 및 자연 세력과 싸우다가 휴전하는 날, 그날이 바로 안식일이다. (81쪽)

잠시 스스로에게 질문을 던져 보십시오. 나는 왜 일하고 있는가? 필경 그 대답은 뭔가 부족하다고, 뭔가 더 있어야 한다고, 뭔가 모자라다고 생각하기 때문일 것입니다. 그것이 돈일 수도 있고, 권력일 수도 있고, 쾌락일 수도 있습니다. 다른 사람에게서 받고 싶은 인정과 칭찬일 수도 있습니다. 우리 모두는 좀더 열심히 일하면 내게 부족한 것을 채울 수 있을 것이며, 그러면 우리의 삶은 좀더 행복해질 것이라고 생각합니다. 우리가 매일 접하는 상업 광고─어떤 통계에 따르면 성인 한 사람이 상업 광고에 노출되는 횟수가 하루에 3천 회가 넘는다고 합니다─는 우리 안에 결핍 의식을 심어 주는 고도의 심리 조작입니다.

성경이 우리에게 말하는 진실은 그 반대입니다. 우리가 불행하다고 느끼는 이유는 무엇이 결핍되었기 때문이 아닙니다. 하나님은 이미 우리에게 필요한 모든 것을 창조하시고 우리에게 모든 것을 맡기셨습니다. 우리가 함께 모여 예배하는 이유는 이 진실을 기억하고 선포하고 확인하기 위해서입니다. 그렇게 할 때 우리는 결핍 의식에서 벗어나 충족 의식으로 회복됩니다. 우리가 살아가는 이유가 뭔가를 채우기 위함이 아니라 이미 채워진 상태에서 나누고 베풀고 섬기기 위함이라는 사실을 깨닫는 것입니다. 상업 광고가 전하는 복음('이것을 가지면 행복해질 것이다')이 아니라 성경이 전하는 복음('너는 이미 행복하다')을 우리가 더 자주 들어야 하는 이유가 여기에 있습니다.

결핍 의식의 열매

결핍 의식을 품은 채 사는 것이 얼마나 불행한 결과를 가져오는지를 우리는 창세기 3장과 4장에서 볼 수 있습니다. 아담과 하와는 에덴동산에 있는 모든 과일나무 열매를 먹도록 허락받았습니다. 그 많은 과일나무 중 딱 하나 '선악을 알게 하는 나무'의 열매만 허락되지 않았습니다. 수천, 수만 가지 열매가 허락되었는데 딱 하나가 허락되지 않았습니다. 그것은 결코 결핍이 아닙니다. 비유하자면 그것은 마치 거대한 식품점에 진열되어 있는 음식들이 모두 손님들에게 허락되었는데 딱 하나, 카운터 한쪽에 놓인 주인의 도시락은 허락되지 않은 것과 같다 할 수 있습니다.

처음에 아담과 하와는 모든 것에 만족했습니다. 충족 의식으로 살았습니다. 아무런 결핍을 느끼지 못했습니다. 하지만 시간이 지나면서 그들 마음에 결핍 의식이 싹트기 시작했습니다. 가게 안에 있는 그 많은 음식들은 눈에 안 들어오고 주인 옆에 있는 도시락에 자꾸만 눈길이 가는 겁니다. 일단 그것에 마음이 쓰이기 시작하니 결핍 의식이 점점 커졌습니다. 그것이 인간의 마음입니다.

또한 우리로 하여금 죄를 범하도록 유혹하는 것이 있습니다. 사탄은, 베드로 사도가 말한 것처럼 "우는 사자와 같이 삼킬 자를 찾아 두루 찾아다닙니다"(벧전 5:8). 우리 마음에 죄를 향한 욕망이 있기에 사탄도 우리를 흔들려고 다가오는 것입니다. 그렇기에 예수님이 가르쳐 주신 것처럼 우리는 "시험에 들지 않게 하시고,

악에서 구하여 주십시오"(마 6:13)라고 기도해야 합니다. 사탄은 충족 의식으로 살고 있는 사람을 절대로 흔들 수 없습니다.

가인의 경우도 마찬가지입니다. 그는 동생 아벨의 제사는 받아들여지고 자신의 제사는 받아들여지지 않은 것으로 말미암아 분노합니다. 성경을 보면 가인이 "몹시 화가 나서, 얼굴빛이 달라졌다"(창 4:5)고 합니다. 분노는 이렇듯 그 사람의 얼굴을 험상궂게 혹은 사악하게 만듭니다. 그러자 하나님이 가인에게 분노의 이유를 물으십니다.

> 어찌하여 네가 화를 내느냐? 얼굴빛이 달라지는 까닭이 무엇이냐? 네가 올바른 일을 하였다면, 어찌하여 얼굴빛이 달라지느냐? 네가 올바르지 못한 일을 하였으니, 죄가 너의 문에 도사리고 앉아서, 너를 지배하려고 한다. 너는 그 죄를 잘 다스려야 한다. (창 4:6-7)

아벨의 제사는 받아들여지고 가인의 제사는 받아들어지지 않은 이유가 있었습니다. 그것을 가인 자신도 압니다. 그런데 그는 자신의 잘못은 아랑곳하지 않고 하나님께 그리고 아벨에게 분노합니다. 그것은 곧 죄가 문에 도사리고 앉아 있는 것과 같은 형국이었습니다.

분노의 본질에 대해 이처럼 정확하게 표현할 수가 있을까요? 분노를 품고 사는 것은 죄가 그 사람을 지배하기 위해 문에 도사리고 앉아 있는 것과 같습니다. 분노를 어떻게 다루느냐에 따라 그 사람이 죄를 다스리느냐 아니면 죄가 그 사람을 다스리느냐가 결정됩니다. 마음에 쌓아 두지 말아야 할 것 중 제일은 분노입니다. 그것은 우리의 얼굴을 사악하게 만들고 혀를 비수로 만들고 마음을 상하게 하며 죄를 범하게 만듭니다.

가인은 결국 그 죄에 압도당합니다. 동생 아벨을 죽여 인류 역사 최초의 살인자가 되지요. 그리고 그 죄로 말미암아 그의 후손이 두고두고 그 죗값을 치러야 했습니다.

가인의 불행도 결국은 결핍 의식에서 비롯했습니다. 성경은 가인의 제물에 무슨 결함이 있었는지 자세하게 말하지 않습니다. 하지만 합리적 추론은 가능합니다. 우리가 드리는 제물이 하나님께 받아들여지지 않는 이유는 제물 자체에 결함이 있거나 제사를 드리는 사람의 마음에 결함이 있기 때문입니다. 그렇다면 가인은 왜 하나님이 기뻐 받으실 만한 제사를 드리지 못했을까요? 그것은 하나님으로 만족하지 못하는 그의 마음 때문이었을 것입니다.

그가 만일 하나님으로 만족하고 하나님이 마련해 주신 것으로 만족했다면, 그가 드리는 제물에 결함이 없었을 것이고, 그의 마음은 하나님이 받으시기에 충분했을 것입니다. 하나님은 마음의 중심을 보시고, 인색하지 않은 제물을 기뻐하십니다. 그러나 가인은 하나님으로 만족하지 못했습니다. 그가 보기에 자신에게는 부족한 것이 너무도 많았습니다. 그 때문에 그는 마음을 다해 제사를 드리지 못했고, 드리는 제물에 인색했습니다.

반면, 동생 아벨은 하나님으로 만족했습니다. 하나님이 부족함 없이 모든 것을 준비해 두셨다고 믿었습니다. 때로 부족하게 느껴지는 것이 없지 않았을 것입니다. 하지만 그 결핍도 하나님이 허락하신 것이라고 믿고 받아들였습니다. 그렇게 믿었기에 그는 하나님께 아낌없이, 정성을 다해, 최선의 것을 드릴 수 있었습니다. 그의 마음과 그의 제물은 결핍 의식이 아니라 충족 의식에 근거한 것이었습니다.

채워야 할 진짜 결핍

이 세상 사람들은 결국 둘로 나뉩니다. 하나는 이 세상과 우리의 인생에 뭔가 결핍이 있다고 보고 그 결핍을 채우기 위해 사는 사람들입니다. 다른 하나는 이 세상과 우리 인생은 이미 필요한 것들로 채워져 있다고 믿고 감사하며 나누고 베풀며 사는 사람들입니다. 결핍 의식으로 살아가는 사람들은 매사에 비판적일 가능성이 크고, 충족 의식으로 살아가는 사람들은 매사에 긍정적일 가능성이 큽니다. 당신은 둘 중 어디에 속합니까?

불행하게도, 우리 대다수는 결핍 의식을 가지고 살아갑니다. 찢어지게 가난한 가정에서 태어나 스스로의 힘으로 성공을 이룬 사람들이 공유하고 있는 치열한 전투력 혹은 생활력은 바로 결핍 의식에서 옵니다. 그렇기에 그런 사람들은 성공한 후에도 만족할 줄을 모릅니다. 자수성가한 사람들의 가정생활이 일반적으로 행복하지 못한 이유가 여기에 있습니다. 충분히 성공한 이후에도 결핍 의식을 버리지 못하기 때문입니다.

유복한 환경에서 자란 사람이라고 하여 결핍 의식이 없는 것은 아닙니다. 우리에게는 끊임없이 다른 사람과 비교하는 본성이 있어서 이미 충분히 만족할 만한 상황에 있으면서도 다른 사람과의 비교를 통해 결핍을 느낍니다. 그래서 충분히 만족할 만큼 돈을 벌었는데도 여전히 돈에 매이게 되고, 가정에서 충분히 행복함에도 외도를 하며, 충분히 여유가 있음에도 여전히 인색합니다.

저의 인생 여정을 돌아보면, 40대까지 상당한 결핍 의식을 가지고 살았습니다. 10대 시절에는 도시에서 살면서 시골 출신이라는 한계를 벗기 위해, 20대에는 일류 대학에 가지 못한 열등감을 벗기 위해 그리고 30대에는 제가 소망하는 것을 얻기 위해 치열하게 분투했습니다. 그때도 저는 신실한 믿음의 사람이기를 원했습니다. 하지만 당시 저의 믿음은 저의 결핍을 채워 주는 도구일 뿐이었습니다. 그 치열한 분투 때문에 저는 속도광이 되었습니다. 제가 목표로 삼은 것을 최단 시간에 이루기 위해 노력했습니다.

그 결과 이룬 것도 많고 얻은 것도 많았습니다. 박사 학위도 얻었고, 교수가 되었습니다. 연구 논문과 저서의 양도 다른 교수들에게 뒤처지지 않았습니다. 하지만 저의 삶에 문제가 생기기 시작했습니다. 건강에 문제가 생겼습니다. 저의 영혼에 어둠이 짙게 깔렸고, 삶에 권태가 끼어들었습니다. 겉으로는 목사요 신학 교수로서 신실하고 충실한 신앙생활을 하고 있었고 제가 맺은 모든 관계가 좋아 보였고 많은 일을 행했습니다만, 제 안에는 결핍 의식이 더욱 강해졌습니다. 제가 그동안 노력해서 얻은 모든 것이 저의 결핍 의식을 감소시키지 못했습니다. 오히려 결핍 의식은 더욱 커졌고 그동안 제가 즐기지 못했던 것들을 흘끔흘끔 보게 되었습니다.

이런 상황에서 사람들은 대개 일탈을 꿈꾸고 탈선을 합니다. 중독이나 외도에 빠지기도 합니다. 감사하게도 저는 저의 결핍 의식을, 저의 믿음을 모두 부정하고 처음부터 다시 시작하는 계기로 삼았습니다. 그것은 전적으로 하나님의 은혜였습니다. 하나님과 친밀한 관계를 맺지 못해서 결핍 의식이 생겼다는 사실을 깨달은 것입니다. 영국의 시인 프랜시스 톰슨(Francis Thompson)이 "하늘의 사냥개"라는 시의 한 구절에서 말했듯이, 저는 하나님께 만족하지 못하니 다른 모든 것에도 만족하지 못했습니다. 분주하게 신앙생활을 했지만 하나님과의 깊은 사귐을 추구하지는 않았기에 하나님과 저의 관계는 지극히 형식적이고 피상적이었습니다.

그 사실을 깨닫고 나서야 저는 '신싸 결핍'을 해결하기 위한 씨름을 시작했습니다. 영적 씨름을 통해 하나님과의 친밀한 사귐을 차츰 회복했고 하나님 안에서 저를 새롭게 발견했습니다. 그리고 나서야 저는 비로소 40년 가까이 저를 사로잡고 있던 결핍 의식에서 벗어날 수 있었습니다. 하나님을 찾고 그분이 누구신지 알고 그분 안에 머무르며 지내 보니, 그분이 이미 다 이루신 것을 알겠습니다. 그분 안에 모든 것이 다 있음을 알겠습니다. 그분 안에 있으면 아무것도 부족한 것이 없음을 알겠습니다.

자족하는 마음으로

제가 시편 131편을 새롭게 발견하고 그것을 저의 '사랑히는 말씀'으로 삼은 이유가 여기에 있습니다. 이 시편은 다윗의 시편으로 알려져 있습니다. 이 시편은 하나님과의 친밀한 사귐을 경험한 후에 고백한 기도문입니다. 그는 이렇게 기도를 시작합니다.

> 주님, 이제 내가 교만한 마음을 버렸습니다. 오만한 길에서 돌아섰습니다. 너무 큰 것을 가지려고 나서지 않으며, 분에 넘치는 놀라운 일을 이루려고도 하지 않습니다. (시 131:1)

'교만'은 분수에 넘치는 생각과 행동을 말합니다. 신이 아니면서 신처럼 생각하고 말하고 행동하는 것이 교만과 오만의 핵심입니다. 그렇게 되면 사람들에게도 안하무인 격으로 행동하게 됩니다. "너무 큰 것을 가지려는 것" 혹은 "분에 넘치는 놀라운 일을 이루려는 것"은 자신에게 있는 결핍을 채우려는 몸부림을 말합니다. 다윗도 저처럼 결핍 의식으로 젊은 날을 살았던 것입니다.

무엇이 다윗으로 하여금 그러한 분투를 멈추고 하나님의 품으로 향하게 만들었는지 모릅니다. 신체적 질병 때문일 수도 있고, 관계 문제일 수도 있습니다. 결핍 의식을 가지고 분투했는데, 그 결과로 말미암아 자신의 인생이 손을 쓸 수 없을 정도로 망가져 갈 때, 믿음의 사람들은 하나님께로 향합니다.

그리고 그분 안에서 진정한 만족을 추구합니다.

하나님의 품 안에서 만족과 안식을 얻고 나면, 그동안 살면서 뭔가가 결핍되었다고 느꼈던 것이 속임수였음을 깨닫습니다. 그래서 삶의 태도가 달라집니다. 이제는 결핍된 것을 채우기 위해 사는 것이 아니라 이미 채워진 것을 감사하고 축하하고 나누고 기뻐하기 위해 살아갑니다. 전과 같이 열심히 일하지만, 전과는 다른 목적으로, 전과는 다른 태도로 일합니다. 그래서 다윗은 이렇게 기도를 이어 갑니다.

> 오히려, 내 마음은 고요하고 평온합니다. 젖 뗀 아이가 어머니 품에 안겨 있듯이, 내 영혼도 젖 뗀 아이와 같습니다. (2절)

젖먹이 아이는 어머니 품에서 자주 보채고 웁니다. 하지만 젖 뗀 아이는 어머니 품에 안겨 있는 것으로 충분합니다. 어머니의 따뜻한 체온을 느끼고 어머니의 품에서 나는 향기를 밑으며 평안을 누립니다. 다윗은 하나님 안에서 만족을 찾은 자신의 영혼이 바로 그렇다고 고백하고 있습니다. 그러면서 이 시편을 읽는 사람들에게 권면합니다.

> 이스라엘아, 이제부터 영원히 오직 주님만을 의지하여라. (3절)

이것은 이론이 아닙니다. 다윗의 체험에서 나온 고백입니다. "오직 주님만을 의지하여라"라는 말은 다른 일은 하지 말라는 뜻이 아닙니다. 이 고백을 한 후에도 다윗은 많은 일을 했을 것입니다. 다만, 전에는 자신의 결핍을 채우는 것이 목적이었지만 이제는 하나님의 뜻을 이루는 것이 목적입니다. 이제는 물질적인 것에 대해서는 자족하고 만족할 만한 영적 능력을 얻었습니다. 그렇기에 더 이상 서두르거나 닦달하지 않고 하나님의 손길을 분별해 가며 살아갑니다.

부족하지만 저도 저의 경험에 비추어 이렇게 말씀드릴 수 있습니다. 제 인생의 전반 40년은 결핍을 채우기 위한 분투였고, 하나님과의 친밀함을 회복한 후 지금까지의 20년은 하나님 안에서 얻은 만족과 안식에 근거하여 살고 있습니다. 하나님과의 친밀도가 떨어질 때면 어김없이 결핍 의식이 살아나 조급해지고 불안해지는 것을 느낍니다. 다행히도 이제는 그것의 정체가 뭔지 압니다. 그렇기에 다시금 하나님의 품을 찾고 그분 안에서 만족을 얻습니다. 그러고는 다시 일을 시작합니다.

그렇게 살면서 체험한 진실이 있습니다. "주님께서 하신다"는 것입니다. 제가 신실하게 주님 안에 머물러 있으면 필요한 일은 모두 주님께서 하십니다. 반면, 제가 주님과 상관없이 허둥대며 저 스스로 분주하면 저만 피곤해지고 열매는 부실합니다.

그래서 저는 이 평안과 만족과 안식을 당신도 맛보시라고 말씀드리고 싶습니다. 당신은 이미 그것을 맛보고 누리고 있을지도 모릅니다. 하지만 하나님을 믿는다고 하면서도 여전히 결핍 의식 속에 살아가는 분들이 더 많습니다. 이 땅에서 결핍 의식을 가지고 살아가는 한 우리는 분노의 올무에서 벗어날 수 없습니다. 그리고 그 분노는 우리의 사랑하는 사람들에게 상처를 주고 결국 우리 자신의 인생을 불행하게 만듭니다.

그러므로 더욱 하나님을 찾으십시다. 하나님의 품을 찾아 그분 안에서 만족하고 그분 안에서 안식하고 그분 안에 모든 것이 다 있다는 사실에 눈뜨십시다. 그것을 우리는 하나님의 은혜라고 부릅니다. 우리에게는 하나님께 그런 대접을 받을 자격이 도무지 없는데, 하나님은 우리를 위해 모든 것을 다 준비해 두셨습니다.

문제는 그분을 떠나 우리 스스로 살아가려는 데 있습니다. 모든 것의 근원이신 하나님에게서 등을 돌리는 순간 우리는 결핍을 발견하고 그 결핍을 채우려는 무한의 허덕임에 빠지게 됩니다. 그 무한궤도에서 벗어나는 길은 하나님 안에서 만족과 안식과 위로를 발견하는 것입니다.

저의 이 말이 공허하게 들리는 독자들도 있을 것입니다. 자신이 처한 현실이 너무도 어려워서 "하나님이 하셨다"고 고백하는 것은 고사하고 "하나님, 왜 이러세요?"라고 항의하고 싶은 심정으로 사는 이들도 많을 것입니다. 하루에도 두세 개의 아르바이트를 하느라 잠시도 머물러 쉴 시간도 없는 사람에게 하나님 안에서 만족과 안식과 위로를 찾으라는 말이 딴 세상 이야기처럼 들릴 것입니다.

먼저, 우리 사회가 이 지경에 이르도록 만든 기성 세대의 한 사람으로서 그러한 처지에서 고군분투하는 이들에게 깊이 고개 숙입니다. 저희 세대가 눈 질끈 감고 성장과 번영을 위해 질주한 결과로 말미암아 얻은 것도 많지만 잃은 것도 적지 않습니다.

세계 최빈국의 자리에서 세계 10대 경제 대국의 자리로 옮겨 가는 이례적인 기적을 만들어 냈지만, 정작 우리 사회 안에서는 빈부의 격차가 한없이 벌어지고 경제적 계층화가 고착되어 버렸습니다. 그로 인해 기울어진 운동장 아래에 있는 사람들은 그 운동장을 기어오를 엄두도 내지 못하게 되었습니다.

하나님 안에서 안식을 찾고 자족하자는 말은 이러한 사회 현실을 외면하자는 뜻이 아닙니다. 오히려 사회 현실이 이토록 왜곡되어 있기에 더욱 하나님을 찾아야 합니다. 이 왜곡된 세상에서 버틸 힘을 얻고 또한 그 세상을 제대로 볼 수 있는 시각을 얻고 나아갈 방향을 찾기 위해서는 하나님 안에서 자신을 새롭게 발견해야 하기 때문입니다. 오늘 우리 사회에 필요한 해결책은 어떤 정치 이론이나 경제 제도에 있지 않습니다. 물론, 그런 것들도 어느 정도 도움이 되지만, 한 사람 한 사람이 하나님 안에서 내적 만족을 얻고 이 세상을 향한 하나님의 정의를 마음에 품는 것이 필요합니다. 그렇지 않으면 우리 모두는 각자도생의 무한 몸부림에서 벗어날 수 없을 것입니다.

그럴 때 비로소 우리는 상대적 박탈감에서 뿜어 나오는 분노가 아니라 하나님 안에서 얻은 자족감으로 하루하루 분투할 수 있고, 그럴 때 비로소 이웃을 긍휼한 눈으로 돌아볼 수 있고, 우리가 사는 왜곡된 세상을 바로잡기 위해 다른 사람들과 손잡을 수 있을 것입니다. 이 모든 변화가 하나님 안에서 진정한 자족을 발견하는 데서 시작한다는 것이 제가 저의 경험에서 배운 진실입니다.

묵상과 나눔을 위하여

1. 당신의 인생 여정을 돌아보십시오. 당신의 생각과 행동은 결핍 의식과 충족 의식 중 어느 것에 더 지배를 받았습니까? 왜 그랬을까요?

2. 지금 당신은 하나님 안에서 만족하고 안심합니까? 당신의 열심은 어떤 동기에서 나옵니까?

3. 하나님 안에서 더 깊은 만족과 평안과 위로를 경험하려면 당신에게 필요한 것은 무엇이겠습니까? 그렇게 되면 당신의 삶에는 어떤 변화가 일어날까요?

8장

약함을 자랑하는 이유

현시창에 살면서

상실, 상처, 아픔, 고난 그리고 죽음에 대해 오늘 우리가 느끼는 어려움의 원인은 여러 가지입니다. 그 많은 원인들 중에서 특히 중요한 것들이 있습니다. 오늘 우리가 사는 사회적 조건이 그중 하나입니다. 이 문제에 대해서는 앞 장에서 나누었습니다.

'현시창'이라는 신조어를 아십니까? '현실은 시궁창'의 준말입니다. 수년 전부터 젊은이들이 사용하고 있는 말입니다. '헬조선'이라는 말도 이제는 보편화되었습니다. 얼마 전에 태풍이 지나갔을 때 청년들이 그랬다지요. "태풍은 좋겠다, 진로가 있어서!" 미래의 진로에 대한 절망이 얼마나 컸으면 이런 이야기까지 나오나 싶어서 마음이 아픕니다. 이것은 오늘 우리 시대 청년들이 얼마나 살기 힘겨운지 잘 보여 줍니다.

　이는 우리의 삶을 지지해 주는 의미 있는 공동체가 사라지고 있다는 데도 원인이 있습니다. 인생 여정에서 겪어야 하는 여러 부정적 경험들을 대면하고 극복하는 것은 혼자 힘으로는 버거울 때가 많습니다. 사랑으로 묶인 든든한 공동체가 품어 주어야 합니다. 과거에는 가정이 그 역할을 했고, 교회와 학교도 그런 역할을 해 주었습니다. 삶의 우여곡절을 함께 견뎌 줄 만한 친구들도 있었습니다.

　지금은 그 모든 것이 허물어지고 있습니다. 학교는 경쟁의 마당이 되어 버렸고, 교회는 피상적 교제에 그치고 있으며, 가정은 해체되고 있습니다. 친구라고 해도 넉넉한 시간을 내어 마주 앉아서 이야기를 들어 줄 여유가 없습니다. 말 그대로 '각자도생' 즉 각자가 자신의 생을 도모해야 하는 시대가 된 것입니다.

　우리의 영적·정신적·신체적 조건도 하나의 원인입니다. 현대인들은 과거의 사람들보다 부정적 경험을 대면하고 극복하는 일에 훨씬 취약합니다. 물질문명은 과거와 비교할 수 없을 만큼 발전했지만, 영적으로는 파리하게 야위었고 마음은 얇은 유리병처럼 깨어지기 쉽습니다. 또한 환경이 심각하게 오염되면서 우리의 육신도 부정적 경험에 쉽게 손상을 입습니다. 과거 같으면 얼마든지 견뎌 낼 만했던 문제가 마음과 영혼에 심각한 트라우마를 남기고 육체는 그것을 감당하지 못하고 시름시름 앓습니다.

　이 모든 상황을 더 악화시키는 또 하나의 요인이 있습니다.

모든 부정적 경험을 예방하고 제거할 수 있으며 그렇게 하는 것이
행복을 확보하는 길이라는 헛된 믿음입니다. 현대 의학의 발전은
모든 고통을 예방하거나 제거하는 것을 목적으로 삼습니다. 현대
문명의 발전도 결국은 모든 불편과 고통을 제거하여 인간을
가장 편하게 만드는 것을 지향합니다. 끊임없이 개발되어 나오는
신제품들은 결국 그 같은 인간의 욕구를 무한정 충족시키기 위한
것이라고 할 수 있습니다.

그 과정에서 우리는 상실, 상처, 아픔, 고난 그리고 죽음을
모두 나쁜 것, 피할 것, 없애야 할 것으로 간주하게 되었습니다.
그렇게 노력해 왔습니다. 그로 말미암아 상당한 진보를 이루었고,
과거와는 비교할 수 없을 정도로 고통 없는 삶을 살고 있습니다.

문제는 그런 것들을 완전히 예방하지도, 제거하지도 못한다는
데 있습니다. 앞으로 노화와 죽음을 제거할 날이 올 것이라고
말하는 이들이 있습니다만, 가능하지 않은 일을 바라는 것입니다.
이렇게 생각하고 믿으며 살다 보니, 그런 무정석 일을 낭하게 뇌년
하늘이 무너지고 땅이 꺼진 것처럼 당황스러워하고 어찌할 바를
몰라 합니다.

믿음과 고난

상실, 상처, 아픔, 고난, 죽음은 모두 인간의 죄로 말미암아
발생했습니다. 그것들은 하나님의 원래 창조 계획에는
없었습니다. 그리스도가 다시 오셔서 새 하늘과 새 땅이 이루어질
때까지 그것들은 인생의 근본 조건이며 필수 요소입니다. 상실과

상처와 질병과 노화와 죽음이 없어진다면 그것은 의학의 발전이 아니라 그리스도의 다시 오심으로 말미암아 이루어질 것입니다. 요한이 환상을 통해 새 하늘과 새 땅이 임하는 것을 볼 때 보좌에서 큰 음성이 울려 나면서 이렇게 말합니다.

> 보아라, 하나님의 집이 사람들 가운데 있다. 하나님이 그들과 함께 계실 것이요, 그들은 하나님의 백성이 될 것이다. 하나님이 친히 그들과 함께 계시고, 그들의 눈에서 모든 눈물을 닦아 주실 것이니, 다시는 죽음이 없고, 슬픔도 울부짖음도 고통도 없을 것이다. 이전 것들이 다 사라져 버렸기 때문이다. (계 21:3-4)

이때가 오기 전까지 육신을 입고 살아가는 사람에게 질병과 노화와 죽음은 피할 수 없는 일입니다. 깨어진 세상에서 상처 난 사람들과 함께 살아가는 과정에서 상실과 상처와 아픔은 필연적입니다. 그것을 부정하면 막상 그런 현실을 마주했을 때 너무도 초라하게 흔들리고 무너져 버립니다. 고통을 부정하고 살아왔기에 고통에 압도되면 삶 자체가 부정당하는 더 큰 고통을 겪는 것입니다.

믿는다는 것은 이러한 부정적 경험들을 피할 길을 찾아가는 것이 아닙니다. 물론 믿음 안에서 변화되고 성장하면 죄악에서 벗어나고, 죄악의 결과로 겪어야 했던 일들로부터 자유해집니다. 죄악은 가장 먼저 자신의 인생을 파괴시키기에 죄악을 끊으면 가장 먼저 자신이 혜택을 입습니다. 또한 성령님은 질병을 고쳐

주기도 하시고 고난을 제거해 주기도 하십니다. 하지만 그것은 고난 없는 인생으로 인도하기 위해서가 아닙니다. 눈에 보이는 현실에만 붙들리지 말라는 깨우침입니다. 고통스러운 현실 안에서 마음의 눈을 떠 하나님 나라를 보게 하려는 하나님의 은총입니다.

많은 사람들이 고난을 피하는 길로 믿음을 오해하고 있습니다. 교회에서 복음을 그렇게 왜곡해 왔습니다. 그것을 미국에서는 'Prosperity Gospel'(번영의 복음)이라고 부르고, 한국에서는 '기복 신앙'이라고 부릅니다. 교포 1.5세인 어느 교인이 '기복 신앙'을 '기복이 심한 신앙'이라고 해석하는 것을 보고 웃은 적이 있습니다. 생각해 보니, 이 말에도 일리가 있습니다. 고난을 피하는 길로 믿음을 이해하면 그 믿음은 기복을 심하게 탈 수밖에 없습니다. 믿음의 여정 안에서 고난을 피하는 이적을 경험하기도 하지만, 믿음 때문에 더 큰 고난을 마주할 때도 있기 때문입니다. 그렇게 되면 낙심하고 실망하고 배도는 믿음을 버리기도 합니다.

믿음은 고난을 제거하자는 노력이 아닙니다. 예수님은 그렇게 약속하신 적이 없습니다. 두 가지 말씀을 인용하는 것으로 충분할 것입니다.

> 나를 따라오려고 하는 사람은, 자기를 부인하고, 자기 십자가를 지고, 나를 따라오너라. 누구든지 제 목숨을 구하고자 하는 사람은 잃을 것이요, 누구든지 나와 복음을 위하여 제 목숨을 잃는 사람은 구할 것이다. (막 8:34-35)

너희가 나 때문에 모욕을 당하고, 박해를 받고, 터무니없는 말로 온갖 비난을 받으면, 복이 있다. 너희는 기뻐하고 즐거워하여라. 하늘에서 받을 너희의 상이 크기 때문이다. 너희보다 먼저 온 예언자들도 이와 같이 박해를 받았다. (마 5:11-12)

이 말씀을 특별한 부름을 받은 사람들에게만 해당하는 것으로 치부하지 마시기 바랍니다. 바른 믿음을 추구하는 모든 이에게 주신 말씀입니다. 믿는다는 것은 모욕과 박해와 비난에서 벗어나 존경과 칭찬과 보상만을 추구하자는 것이 아닙니다. 믿는 사람에게도 누구나 당해야 하는 고난은 그대로 있고, 거기서 한 걸음 더 나아가, 믿기 때문에 자초하는 고난도 있습니다. 알고 보면, 믿음으로 말미암아 고난이 더 많아집니다. 이 사실을 미리 알고 마음 깊이 기억하고 있지 않으면 믿음의 길에서 크게 넘어질 수 있고, 때로 중도에 믿음의 길을 떠날 수도 있습니다.

고난을 친구 삼아
예수님을 '고난의 왕'이라고 부릅니다. 가장 큰 고난을 겪으셨다는 의미이기도 하고, 그렇게 하여 고난의 문제를 해결하셨다는 뜻이기도 합니다. 그렇기에 고난에 대해 배우려면 예수님의 고난을 연구하고 묵상해야 합니다. 그런데 문제는, 많은 이들이 예수님에 대해 말하면 '그분은 하나님의 아들이시니까…'라고 생각하면서 자신과는 상관없는 이야기로 치부한다는 데 있습니다. 그래서 저는 고난에 대해 말할 때 바울 사도를 주목합니다. 그는 우리와 같은 인간이었기 때문입니다.

그는 고난의 한가운데서 살았다고 해도 과언이 아닙니다. 우선, 그는 지병을 가지고 살았습니다. 갈라디아 교인들에게 쓴 편지에서 그는 "내 몸에는 여러분에게 시험이 될 만한 것"(갈 4:14)이 있다고 말합니다. 고린도후서에서는 그것을 "내 몸에 가시"(고후 12:7)라고 불렀습니다. 그에게 외적으로 드러나는 질병 혹은 장애가 있었다는 뜻입니다. 그것이 정확히 뭔지 알 수는 없지만, 당시에 사람들은 그런 지병 혹은 장애를 가지고 있는 사람을 무시하는 경향이 있었던 것으로 보입니다.

바울은 많은 이적을 행한 사람입니다. 고린도 교인들에게 그는 "나는 여러분 가운데서 일일이 참고 견디면서, 놀라운 일과 기적을 표징으로 삼아 사도가 된 표징을 행하였습니다"(고후 12:12)라고 썼습니다. 직접 경험한 당사자들에게 하는 말이니 액면 그대로 받아들여야 하는 말입니다. 그런데 그는 정작 자신의 장애 혹은 지병은 고치지 못했습니다. 바울은 그것에 대해 "나는 이것을 내게서 떠나게 해 달라고, 주님께 세 번이나 간청하였습니다"(고후 12:8)라고 말합니다. "세 번이나 간청했다"는 말은 이 병의 치유를 위해 작심하고 진지하게, 심각하게, 절절하게 기도했다는 뜻입니다. 그런데 하나님은 그에게 이렇게 대답하십니다.

내 은혜가 네게 족하다. 내 능력은 약한 데서 완전하게 된다. (고후 12:9)

이 한 말씀 안에 상실과 상처와 아픔과 고난과 죽음을 대하는 가장 중요한 처방이 있습니다. 하나님이 이미 주신 은혜를 기억하고 고난을 받아들이는 것입니다. 인생 여정에서 어쩔 수 없이 당해야 하는 고난이 있음을 인정하라는 말입니다. 그것을 당하여 어쩔 수 없다는 마음으로, 마지못해, 쓴맛을 삼키지 말고 기꺼이 품어 안으라는 뜻입니다.

  하지만 어디 이 말이 쉽습니까? 아마 속으로 '당신이 당해 보지 않아서 그렇게 말하지요'라고 생각하는 분들이 있을 것입니다. 그렇습니다. 우리의 능력으로는 못합니다. 하지만 하나님이 주신 은혜가 있고 그 은혜를 기억하면 가능합니다. 그것이 상처든 질병이든 장애든 아니면 죽음이든 영원하신 하나님에게서 받은 넉넉한 은혜가 있다면 그리고 그것을 기억한다면 짓눌리지 않을 수 있고 더 나아가 환영할 수 있고 고난을 친구 삼아 살아갈 수 있습니다.

  편하게 먹고사는 것이 목표의 전부인 사람에게 고통은 제거해야 할 대상이지만, 하나님을 알고 하나님 나라를 아는 사람은 고난을 환영합니다. 육체적·정신적 고통과는 비교할 수 없는 신비로운 은혜가 고통 속에 숨어 있기 때문입니다. 그 신비를 체험한 사람들은 어려운 일이 닥칠 때 두려워 떠는 것이 아니라 하나님이 보여 주실 신비한 체험을 기대합니다.

  일제강점기에 잠시 동안 뜨겁게 활동하다 서른세 살의 나이로 요절한 이용도 목사님도 고난의 신비를 깊이 체험한 분입니다. 그분이 남긴 글 중에 이런 것이 있습니다.

고(苦)는 나의 선생, 고통이 올 때 그것에서 배우는 것이 평안할
때보다 더 배우는 것이 많으며 또 참된 진리를 배우게 됩니다.
빈(貧)은 나의 애처, 가난함은 나의 사랑하는 아내같이 나를 떠나지
않나니, 나는 건방진 부보다 착한 가난을 사랑할 수밖에 없습니다.
비(卑)는 나의 궁전, 나는 높은 데 처하여 있을 것이 아니라, 나의
마음은 늘 겸비하여 낮은 데 처하여 있어야 됩니다.

한편으로는 깊이 공감이 가면서도 다른 한편으로는 참으로
송구스러운 말씀입니다. 우리는 고난과 가난과 낮아짐을 이토록
환영하지는 못하고 살기 때문입니다. 아니, 어떻게든 이런 것들을
제거하기 위해 노력합니다. 이런 까닭에 어쩔 수 없는 고난이나
가난 혹은 낮아짐을 겪을 때면 죽을 맛을 느끼는 것입니다. 우리의
믿음이 뭔가 심하게 잘못되었다는 뜻입니다.

고난을 환영하여 맞아들이고 그 안에 숨겨진 보화를 발견할
수 있으려면 하나님의 은혜를 먼저 경험해야 합니다. 그리스도
안에서 하나님의 사랑을 발견해야 합니다. 하나님의 사랑받는
자로서 자신을 새로 발견하고 하나님의 나라를 체험해야
합니다. 그 체험 없이 두 팔 벌려 고난을 환영하는 것은 만용일
수 있습니다. 고난이 휘두르는 주먹에 보기 좋게 나가떨어질 수
있습니다. 예수 그리스도 안에서 하나님의 영원한 사랑에 눈뜨고
자신의 인생이 헤아릴 수 없이 많은 은혜로 에워싸여 있다는
사실에 눈떠야 합니다.

그러면 때로 당하는 상실과 상처와 아픔과 고통을 감당할 수

있고 또한 환영할 수 있습니다. 말년에 암 선고를 받은 이어령 선생은 암을 신체의 일부로 생각하고 환영하기로 했다고 하지요. 그래서 아무런 의학적 조치를 하지 않기로 했다고 합니다.
그분은 "나는 투병(鬪病)하는 것이 아니라 친병(親病)하고 있다"고 말하십니다. 피할 수 없는 고난을 믿음으로 받아들인 것입니다. 그렇게 훈련된 사람은 죽음의 문턱 앞에서도 무너지지 않고 두 팔 벌려 하나님의 품을 향해 걸어 나갈 수 있습니다.

자초하는 고난

바울이 당한 고난은 단지 지병 혹은 장애와 같은, 누구라도 당할 수 있는 고난에 국한되지 않았습니다. 그는 하나님 나라를 보고 그 나라를 체험한 이후에 삶의 방향이 바뀌었습니다. 자기 자신을 위한 삶이 아니라 그리스도를 위한 삶, 복음과 교회를 위한 삶, 영혼 구원을 위한 삶으로 전환되었습니다. 그로 말미암아 그는 고생을 자초하는 삶을 살아야 했습니다.

그는 편지에서 그가 당한 고난을 자주 언급합니다. 그중에도 고린도후서 11장의 기록이 제일 유명합니다. 먼저 그는 복음을 전하면서 어떤 박해를 겪었는지를 말합니다.

> 유대 사람들에게서 마흔에서 하나를 뺀 매를 맞은 것이 다섯 번이요, 채찍으로 맞은 것이 세 번이요, 돌로 맞은 것이 한 번이요, 파선을 당한 것이 세 번이요, 밤낮 꼬박 하루를 망망한 바다를 떠다녔습니다. (고후 11:24-25)

'마흔에서 하나를 뺀 매질'은 당시 범죄자에게 내리는 최대의 형벌이었습니다. 마흔이 넘어가면 죄수가 죽을 수 있기에 그렇게 규정했던 것입니다. 당시 최고 형벌을 다섯 번이나 받았으니 그의 고통이 얼마나 컸을지 짐작할 수 있습니다. 죽음의 문턱을 여러 번 다녀온 셈입니다. 자신의 안위만을 위하며 살았다면 당하지 않아도 될 일이었습니다. 이어서 바울은 복음을 전하기 위해 여러 지역을 다니는 중에 겪어야 했던 고초를 말합니다.

> 자주 여행하는 동안에는, 강물의 위험과 강도의 위험과 동족의 위험과 이방 사람의 위험과 도시의 위험과 광야의 위험과 바다의 위험과 거짓 형제의 위험을 당하였습니다. 수고와 고역에 시달리고, 여러 번 밤을 지새우고, 주리고, 목마르고, 여러 번 굶고, 추위에 떨고, 헐벗었습니다. (고후 11:26-27)

그는 어디를 가든 환영받지 못했습니다. 하나님 나라를 알지 못하는 이들은 하나님 나라에 대한 이야기를 거짓말로 여기고 속이는 것으로 여겼습니다. 사람들을 현혹시키고 세상을 혼란스럽게 한다고 여겼습니다. 그뿐 아니라 그는 교회를 위해서도 심적 고통을 겪어야 했습니다.

> 그 밖의 것은 제쳐놓고서라도, 모든 교회를 염려하는 염려가 날마다 내 마음을 누르고 있습니다. 누가 약해지면, 나도 약해지지 않겠습니까? 누가 넘어지면, 나도 애타지 않겠습니까? (고후 11:28-29)

"모든 교회를 염려하는 염려"라는 말은 교회를 이루고 있는 그리스도인 한 사람 한 사람을 염려한다는 의미입니다. 그는 믿는 사람들이 교회로 모여 그리스도의 몸으로 함께 자라 가는 것을 위해 늘 기도하며 염려했습니다. 때로 고린도 교회나 갈라디아 교회처럼 교인들의 믿음이 흔들리고 있음을 알게 될 때면 그는 마치 아픈 자식을 걱정하듯 했습니다. 그는 그것을 "해산의 고통"(갈 4:19)이라고 불렀습니다.

　부활하신 예수님을 만나고 난 이후 바울은 고난의 연속인 삶을 살았습니다. 그래서 그는 "나는 날마다 죽습니다"(고전 15:31)라고 말했습니다. 믿지 않는 사람들에게는 복음을 전하기 위해 수고를 아끼지 않았고, 그러는 중에 비난과 모욕과 박해를 받았으며, 믿는 사람들에게는 영적으로 온전히 자랄 수 있도록 수고를 아끼지 않았습니다. 그런 일을 위해서라면 건강에 손상을 입는 것을 개의치 않았습니다. 그는 그렇게 살다가 결국 순교로 생을 마쳤습니다.

　어떻게 이렇게 살 수 있었을까요? 모두가 당해야 하는 질병, 상처, 사고, 장애 그리고 죽음을 대면하는 것 그리고 이미 받은 은혜로써 그 고난을 품어 안고 그 안에 숨겨진 신비한 은총을 발견하는 것만도 우리에게는 쉬운 일이 아닙니다. 저는 그동안 수많은 분들의 임종 과정을 지켜보아 압니다. 고난의 한복판에서 은혜의 능력으로 그 고난을 이겨 내는 믿음은 좀처럼 보기 드뭅니다. 그렇기에 그런 믿음을 목격하게 되면 거룩한 전율에 휩싸입니다. 그런데 바울은 어떻게 거기서 한 걸음 더 나아가 하나님 나라를 위해 온갖 고난을 자초하고 그것을 감당해 낼 수 있었을까요?

고난을 감당하는 능력

저는 바울 사도의 편지를 읽으면서 적어도 세 가지 비밀을 발견했습니다. 어쩔 수 없이 당해야 하는 고난을 은혜의 능력으로 감당할 뿐 아니라 하나님과 교회와 복음과 잃어버린 영혼을 위해 고난을 자초하면서도 늘 기뻐할 수 있는 비밀이 그에게 있었습니다.

첫째, 그는 고난을 통해 자신의 생명이 하나님의 영원한 뜻을 위해 사용되고 있다는 기쁨을 맛보았습니다. 그 고난은 그를 구원하신 주 예수 그리스도의 고난에 참여하는 것입니다. 그래서 그는 그것을 "그리스도의 남은 고난"(골 1:24)이라고 불렀습니다. 그리스도는 하나님 나라를 위해, 잃어버린 영혼을 위해 그리고 교회를 위해 고난을 당하셨습니다. 그리스도는 믿는 이들과 교회를 통해 오늘 그 일을 계속하고 계십니다. 거기에는 우리의 희생이 요구됩니다. 그렇기에 그것이 "그리스도의 남은 고난"에 참여하는 것입니다.

그것은 정신적·육체적 고통에 비할 수 없는 엄청난 영예요 기쁨이었습니다. 자신의 덧없는 인생이 하나님의 영원한 목적을 위해 사용되고 있다는 사실에서 오는 뿌듯함과 기쁨이 거기에 있습니다. 그것이 시간이든 돈이든 생명이든, 그것을 희생함으로써 그리스도의 남은 고난에 참여하는 이들은 나 자신과 가족을 위해 사용할 때와는 비교할 수 없는 충만한 기쁨과 의미를 경험하게 됩니다.

    둘째, 그는 고난 중에 하나님의 임재와 능력을 더 깊이 경험했습니다. 하나님 나라를 위해 헌신하다가 자신으로서는 아무것도 할 수 없는 상황에 처할 때 하나님은 신비한 손길로 역사하십니다. 하나님이 나와 함께하신다는 사실을 체험할 때면 고통은 홀연히 사라져 버립니다. 그 대신 세상을 다 얻은 것 같은 기쁨이 마음에 들어찹니다. 그래서 바울은 그 유명한 말을 남깁니다.

> 그러므로 그리스도의 능력이 내게 머무르게 하기 위하여 나는 더욱더 기쁜 마음으로 내 약점들을 자랑하려고 합니다. 그러므로 나는 그리스도를 위하여 병약함과 모욕과 궁핍과 박해와 곤란을 겪는 것을 기뻐합니다. 내가 약할 그때에, 오히려 내가 강하기 때문입니다. (고후 12:9-10)

    고난 중에 하나님의 신비한 임재와 능력을 경험해 본 일이 없다면 이 말씀의 진미를 알 수 없습니다. 바울 사도가 당한 고난에 비하면 저는 너무도 편하게 살아온 사람입니다. 부족하지만 저도 작은 일로 하나님 나라를 위해 저만의 안전지대를 벗어나 고난을 자초하는 일을 거듭해 왔습니다. 그럴 때마다 안전지대 바깥에서 저를 만나 주시는 하나님을 경험하곤 합니다. 안전지대 안에 머물러 있는 한 결코 경험할 수 없는 하나님의 임재를 경험합니다. 이런 비밀을 거듭 경험하다 보면, 고난을 두려워하지 않게 됩니다. 오히려 고난이 다가올 때 이번에는 또 어떤 방식으로 당신의 모습을 드러내 보여 주실까 기대하게 됩니다.

셋째, 바울은 영원하고 절대적인 하나님 나라를 보았기 때문에 이 모든 고난을 자초하면서 기꺼이 견뎌 낼 수 있었습니다. 그는 그 나라를 분명하게 믿었습니다. 지금 이 땅에서 겪는 것과는 비교할 수 없는 영광스러운 삶이 약속되어 있음을 믿었습니다. 그래서 그는 이렇게 말합니다.

> 지금 우리가 겪는 일시적인 가벼운 고난은, 비교할 수 없을 정도로 영원하고 크나큰 영광을 우리에게 이루어 줍니다. (고후 4:17)

하나님 나라에서 받게 될 영광에 비하면 지금 당하는 고난은 "일시적인 것"이고, 그 나라에서 받게 될 영광이 얼마나 큰지를 생각하면 지금 당하는 고난은 "가벼운 것"이었습니다. 앞에서 보았듯, 그가 당했던 고난은 인간적으로 볼 때 매우 무거웠고 또한 끊임없이 닥쳐왔습니다. 그럼에도 그는 그것이 가벼운 것이었고 일시적인 것이었다고 말합니다. 영원하고도 절대적인 하나님 나라에 대한 믿음이 바울로 하여금 어쩔 수 없이 당해야 하는 고난을 환영하고 친구 삼게 했을 뿐 아니라 그리스도를 위해 자초하는 고난들까지도 기쁨으로 감당하게 했던 것입니다.

결국 영원하고도 절대적인 하나님 나라를 보았고 믿었고

살았기에, 바울은 어쩔 수 없이 당해야 하는 고난을 은혜로써 이겨
냈을 뿐 아니라 그리스도의 남은 고난에 참여하는 것을 기쁨으로
여겼고 영예로 생각했습니다. 그에게는 지금 당하는 고난 이상을
보는 눈이 있었고, 지금 당하는 고난을 이겨 낼 능력이 있었으며,
지금 당하는 고난과는 비교할 수 없는 미래의 영광에 대한 소망이
있었습니다. 바로 그것이 고난을 당해 냈던 그의 비밀이었습니다.

혹시 '에이, 그건 바울 이야기고요. 우리 같은 사람들이
어떻게 그런 것을 바랄 수 있나요?'라고 생각합니까? 아닙니다.
바울이 바울일 수 있었던 까닭은 그가 인간으로서 어떤 장점을
지니고 있었기 때문이 아닙니다. 그에게 하나님의 은혜가 있었기
때문입니다.

우리에게 바울보다 부족한 것이 있다면 어떤 인간적 장점이
아니라 하나님의 은혜입니다. 그 은혜가 있다면 우리도 바울처럼
어쩔 수 없이 당하는 고난 중에 감사하고 기뻐할 수 있으며,
그 은혜가 있다면 우리도 바울처럼 그리스도의 남은 고난에
참여하는 영광을 누릴 수 있습니다. 어쩔 수 없이 당해야 하는
고난을 어떻게 대면하고 어떻게 행동하느냐가 그 사람이 지닌
믿음의 실력입니다. 그리스도를 위해 당하는 고난이 얼마나
많으냐가 또한 그 사람이 지닌 믿음의 실력입니다.

목회자든 평신도든 저를 작아지게 만드는 사람들이 있습니다.
저보다 학식이 높은 사람도, 저보다 유명한 사람도, 저보다 성공한
사람도, 저보다 은사가 많은 사람도 아닙니다. 저를 작아지게
만드는 유일한 사람은 하나님 나라를 위해 저보다 더 많은 것을

희생한 사람이고 더 많은 고난을 받은 사람입니다. 그런 사람을 만나면 저는 알 수 없는 하나님 나라의 깊은 진실을 그 사람은 알고 있을 것 같아서 작아집니다.

그러므로 인생의 곤고한 날이 이르기 전에 우리의 믿음의 실력을 키우십시다. 피할 수 없는 고난을 만났을 때 하나님께로부터 이미 받은 은혜의 능력으로 거뜬히 이겨 낼 수 있도록, 그리고 한 걸음 더 나아가 하나님 나라를 위해, 잃어버린 영혼을 위해 그리고 교회를 위해 그리스도의 남은 고난에 참여할 수 있도록 말입니다. 그럴 때 우리는 항상 기뻐하는 삶을 살 수 있고, 누군가 우리의 모습을 보고 하나님의 임재에 부딪히게 하는 도구가 될 것입니다.

묵상과 나눔을 위하여

1. 당신은 그동안 어쩔 수 없이 당해야 하는 고난을 어떻게 감당해 왔습니까? 믿음으로 고난을 감당해 본 경험이 있는지 생각해 보십시오

2. 하나님 나라를 위해, 교회를 위해 혹은 이웃의 영혼을 위해 자초하는 고난이 당신에게 있습니까?

3. 어쩔 수 없는 고난이든 자초하는 고난이든 그 모든 것을 감당하고도 남을 만한 영적 능력이 당신에게 있습니까? 그것을 얻기 위해 당신에게 필요한 것은 무엇입니까?

5부

죽음 앞에 믿음으로 서기

"진실은, 당신이 어떻게 죽어야 할지 알면,
어떻게 살아야 할지도 알게 된다는 겁니다."

― 미치 앨봄

빈집에서

벌써 삼십 년도 넘게 비워 두고 있는
고향 집 윗채
사 대를 이어 온 삶의 기억들을 지울 수 없어
차마 허물지 못한 채
발길 끊긴 박물관처럼
문 굳게 닫힌 채 버려져 있다

고향 집에 갈 때마다
빈집을 바라만 보고 말았다
과거의 시간으로
돌아가고 싶지 않아서였을까

그런데 이번에는
무엇엔가 이끌린 듯 윗채로 다가가
문을 열었다
내 과거와 화해한 것일까

세월에 비틀려 버린 마루문을 여니
나무 곰팡이 냄새가 오히려 정겹다
성큼 마루에 올라 방문을 여니
장판과 벽지는 바래고 들떠 있는데
벽에 걸린 액자의 사진 속 얼굴들이
나를 향해 웃는다

눈이 닿는 곳마다
내 어릴 적 기쁨과 슬픔
눈물과 웃음
삿된 욕망과 충동
어리석은 꿈과 절망이 보인다

눈을 감고 깊이 숨을 들이마시니
축축한 곰팡이 냄새가 거북하지 않다
추억의 냄새인 듯
이제는 볼 수 없는 사랑하는 사람들의
체취인 듯

그래, 나도
이렇게 가겠지
빈집처럼
이렇게 비어지겠지

그래,
그렇게 되겠지

한 시절
가득 채웠던 적이 있으니
한때 뜨거웠던 적이 있으니

그래,
그래도 좋겠지

9장

○

죽음은

소중하다

죽음은 신비다

요즘 한국 사회에서 가장 자주 거론되는 화두 중 하나가 '죽음'입니다. 2014년 4월 16일에 일어난 세월호 참사가 가장 큰 원인입니다. 몇 년 전, 저도 안산 단원고에 마련된 희생자들의 교실과 합동 분향소를 찾았습니다. 그곳에서 저는 거대하고도 묵직한 죽음의 무게를 느꼈습니다. 이제는 합동 분향소도 다 철거되고 단원고의 희생자 교실도 사라졌지만, 아직도 희생자와 그 가족들의 한은 그대로 있습니다. 아니, 더 무거워지고 있습니다.

그뿐 아닙니다. 연이어 보도되는 불행한 죽음에 대한 뉴스가 사람들의 마음을 우울하게 만듭니다. 그로 인해 한국 사회는 절망의 그늘에 덮여 있는 것 같습니다. 절망은 죽음과 닮았습니다.

죽음은 문제입니다. 당하는 사람에게도 문제고, 그것을 지켜보는 사람에게도 문제입니다. 세월호 희생자들의 죽음처럼 아픈 죽음도 문제지만, 만수를 누린 사람의 죽음도 문제입니다. 생을 비관하여 스스로 목숨을 끊은 사람의 죽음도 문제고, 사랑하는 사람을 구하기 위해 목숨을 바친 사람의 죽음도 문제입니다. 문제없는 죽음은 하나도 없고, 문제 되지 않는 죽음도 없습니다.

삶은 풀어야 할 문제가 아니라 품어야 할 신비입니다. 삶을 '풀어야 할 문제'라고 생각한 사람 중에 그 문제에 대한 정답을 발견한 사람은 아무도 없습니다. 풀리지 않는 수많은 의문을 품은 채 죽음을 대면하게 되어 있습니다. 반면, '품어야 할 신비'라고 생각하고 살아간 사람들은 때로 부조리해 보이고 때로 억울한 일을 겪어도 얼굴에 웃음을 머금고 살아갑니다.

삶이 그렇기에 죽음도 그렇습니다. 인류 역사가 시작된 이후 지금까지 죽음을 '풀어야 할 문제'라고 생각하고 씨름해 온 사람들이 많습니다. 사실, 대부분의 종교는 죽음이라는 문제를 풀기 위한 노력에서 시작되었습니다. 도서관에 가면 죽음에 대해 쓰인 책을 헤아릴 수가 없습니다. '죽음학'(thanatology)이라는 학문 분야도 있습니다. 하지만 그 누구도 속 시원한 해답을 찾지는 못했습니다.

왜 그렇습니까? 죽음은 삶과 마찬가지로 '풀어야 할 문제'가 아니라 '품어야 할 신비'이기 때문입니다. 그것을 품어 안아야만

그 내면을 들여다볼 수 있습니다. 삶을 신비로 품고 사는 사람에게
"왜 삽니까?"라고 물으면 뭐라 말할 수 없어 미소로 대답합니다.
반면, 죽음의 신비를 품은 사람은 더 이상 이 세상 사람이
아니기에 물을 수가 없습니다. 그래서 여전히 문제처럼 보입니다.

몇 년 전,『사람은 가도 사랑은 남는다』라는 책을 출간하고
출간 행사를 할 때였습니다. 의사 한 분이 질문을 하셨습니다.
그분은 그동안 만난 환자들 중에서 죽음에 준비된 사람들을 거의
보지 못했다고 했습니다. 예수 그리스도를 믿는 사람들도 예외가
아니었다고 합니다. 그러면서 "어디에서 무엇이 잘못되어 이렇게
되었을까요?"라고 물으셨습니다.

그분의 경험과 저의 경험은 조금 다릅니다. 저는 그동안
수십 명의 교우들을 하나님 품으로 보내 드리면서 두려움 없이
죽음의 신비를 품어 안는 분들을 여럿 보았습니다. 믿음에 깊이
뿌리내린 사람들도 죽음의 얼굴을 처음 직면할 때는 흔들릴 수
있습니다. 하지만 믿음은 결국 그 두려움을 극복하고 죽음을 품어
안게 만듭니다. 어떤 사람은 죽음에 대한 공포에 짓눌려 믿음이
소멸됩니다. 반면, 어떤 사람은 믿음으로 죽음을 대면하고 품어
안습니다.

믿음으로 죽음의 공포를 넘어서는 사람도 있고, 믿음이 없지만
죽음을 담담히 받아들이는 사람도 있습니다. 하지만 그것은 점점
보기 드문 현상이 되고 있습니다. 그분의 질문은 분명히 우리
사회와 교회가 죽음에 대해 뭔가 잘못 생각하고 있음을 말해
줍니다. 왜 그럴까요? 왜 믿는 사람들 중에서도 죽음에 대해

준비된 사람을 찾아보기 힘들까요?

여러 이유가 있겠지요. 제가 보기에 가장 큰 이유는 죽음을 '문제'로 보는 시각에 있습니다. 사실, 죽음은 문제였습니다. 원래 하나님의 창조 계획에는 죽음이 없었습니다. 죽음은 죄로 말미암아 우리에게 부여되었습니다. 죽음이 하나님의 창조 세계 안으로 끼어들어 온 것입니다. 하지만 하나님은 그것을 생명 현상의 일부로 만드셨습니다. 그뿐 아니라 예수 그리스도가 죽음을 통과하여 부활하심으로써 '문제로서의 죽음'은 해결되었습니다.

죽음을 문제로 보면 그 안에 찌르는 독침이 있어 보입니다. 끝도 없는 깊은 구덩이처럼 보입니다. 그래서 옛날 히브리인들은 죽음을 '스올'(Sheol)이라고 불렀습니다. 그 안에 빠지면 깊은 어둠 속으로 끝도 없이 추락할 것처럼 보입니다. 그렇기에 죽음의 문제를 어떻게든 해결하려고 노력합니다.

죽음을 문제로 본다면, 지금으로서는 할 수 있는 대로 죽음을 늦추는 방법밖에 없습니다. 의학이 발전하여 과거보다 30년 정도 죽음이 늦춰졌습니다. 하지만 사람들은 그에 만족하지 못합니다. 죽음을 제거하기 위한 실험과 연구가 계속되고 있습니다. 유발 하라리(Yuval Noah Harari)는 그의 책 『사피엔스』(Sapiens, 김영사)에서 2050년이면 죽음이 해결될 것이라고 전망합니다. 이런 연구에 희망을 걸고 자신을 냉동 보관하는 사람들도 있습니다. 언젠가 죽음의 문제를 해결할 때가 오면 멈춘 생애를 다시 시작하겠다는 것입니다.

죽음을 이렇게 생각하기에, 죽음의 문턱에 이르렀다 싶으면 절망합니다. 죽음을 조금 더 늦추지 못한 것 때문에 안타까워하고, 죽음을 해결하는 시대까지 살지 못하는 것을 한스러워합니다. 죽음을 환영하는 사람들은 별로 없습니다. 다들 어쩔 수 없어서, 마지못해서 혹은 거부하는 몸짓을 하며 죽음으로 향합니다. 누군가의 손에 목덜미가 잡혀 끌려가듯 말입니다. 그러니 체념하고 죽음을 받아들이는 사람들이 훌륭해 보이는 것입니다.

교회에서도 마찬가지입니다. 그동안 교회는 '성공의 복음' '승리의 복음' '불패의 복음'을 설교해 왔습니다. 그 복음은 실패, 질병, 장애 그리고 죽음을 해결해야 할 문제로 간주합니다. 우리 인생에 끼어들어서는 안 되는 것으로 생각하고 혐오합니다. 믿음이 깊어지면 그런 것들로부터 면역될 것처럼 가르칩니다.

그 결과, 병들었다거나 실패했다거나 장애를 가지게 되었다거나 혹은 죽게 되었다고 하면 교회 안에서 부끄러워해야 하는 일이 되어 버렸습니다. 바울 사도는 '자신의 약점들을 자랑한다'(고후 11:30)고 했는데, 오늘날 교회에서는 약점을 부끄러워합니다. 믿음이 부족해서 혹은 숨긴 죄가 있어서 일어나는 일이라고 생각합니다.

이런 분위기는 믿음 안에서 죽음을 진지하게 대면하고 생각해 볼 기회를 박탈합니다. 의학 수단을 동원하여 죽음을 미루고 미루다가 안 되면 어쩔 수 없이 절망 가운데 죽음을 대면하는 것처럼, 믿음의 사람도 믿음의 능력으로 죽음을 미루고 또 미루다가 안 되면 어쩔 수 없이, 절망 가운데 혹은 분노를 품고 죽음을 대합니다. 그러니 죽음에 준비된 사람이 별로 없는 것입니다. 믿음의 사람이라도 죽음의 두려움을 극복하지 못합니다. 죽음을 환영하는 사람은 더욱 찾아보기 힘듭니다.

오해하지는 마십시오. 죽음을 환영한다는 말은 스스로 목숨을 끊는 사람들처럼 죽음을 가볍게 생각하라는 뜻이 아닙니다. 죽음을 가볍게 생각하는 사람은 실은 삶을 가볍게 생각하는 것입니다. 스스로 목숨을 끊는 것은 죽음을 환영하는 사람의 태도가 아닙니다. 바울 사도는 죽음을 환영했던 사람입니다. 복음을 전하면서 당하는 고난을 생각하면 죽어서 주님 품에 거하는 것이 더 좋겠다고 생각했습니다(빌 1:23). 하지만 그는 죽음을 재촉하지는 않았습니다. 자신을 필요로 하는 사람들을 위해 살아 있기를 소망했습니다(빌 1:25).

죽음을 환영한다는 말

그렇다면 죽음을 환영한다는 말은 무슨 뜻일까요? 죽음에 관한 세 가지 진실을 알고 믿고 그렇게 사는 것을 말합니다.

첫째, 죽음을 환영한다는 말은 죽음이 삶의 한 과정임을 인정하는 것입니다. 앞에서도 말씀드렸듯이 죽음은 인간의 죄로 말미암아 끼어들어 왔습니다. 없었더라면 더 좋았을 것입니다. 하지만 하나님은 그것을 생명의 한 단계로, 생명 현상의 한 요소로 바꾸셨습니다.

어떤 의학자의 설명에 따르면, 죽기를 거부하는 세포가 암이 된다고 합니다. 세포도 어느 정도 생명을 다하고 나면 죽게 되어 있습니다. 그래야만 새로운 세포로 대치됩니다. 죽음을 앞둔 세포는 억울할지 모르지만, 몸 전체로 보면 한 세포의 죽음은 좋은 일입니다. 그것처럼 죽음은 생명 현상의 일부가 되었습니다.

앞으로 의학이 발전하여 죽음을 제거할 날이 온다면 과연 그날이 인류의 행복이 완성되는 날로 기억될까요? 설사 그것이 가능해져도, 그것은 인류가 불행해지는 최대의 원인이 될 것입니다. 죽음을 제거하는 약을 손에 넣기 위한 싸움은 인류를 멸망으로 인도할 것이고, 살아 있는 인간들은 자신들이 영원히 즐길 몫을 빼앗기지 않기 위해 새로 태어나는 생명들을 억압할 것입니다. 결국 세상은 소수의 강자들이 지배하는 절망의 땅이 될 것입니다. 인간 세상이 더 나빠지지 않는 것은 알고 보면 죽음 때문입니다. 다른 것은 몰라도 죽음만큼은 모두에게 공평하다는 사실에 우리는 고마워해야 합니다.

둘째, 죽음을 환영한다는 말은 또한 죽음이 또 다른 세계로 나아가는 과정이라는 진실을 아는 것입니다. 믿음 안에서 세상을 보는 눈이 열려야만 이 진실을 알고 믿을 수 있습니다. 믿는 사람들 중에도 죽어서 가는 천국에 대한 믿음을 유치한 것으로 간주하는 사람들이 있습니다. 아닙니다. 영원하신 하나님을 믿는다면 이 세상과 이 목숨이 전부가 아니라는 사실 또한 믿는 것이 논리적으로 맞습니다.

영원한 하나님 나라 그리고 영원한 생명이 어떤 것일지에 대해서는 자세하게 설명할 수가 없습니다. 그것을 경험해 본 사람이 없기 때문입니다. 예수님의 부활 사건을 통해 추측하는 수밖에 없습니다. 하나님이 영원하신 분이라면 이 세상을 넘어선 세상 그리고 이 목숨을 넘어서는 생명을 인정하는 것이 옳습니다. 예수님의 부활은 이 사실에 대한 가장 분명한 증거입니다.

그렇다면 죽음은 우리가 알지 못하는 새롭고 경이로운 세상으로 나아가는 통로인 셈입니다. 태아의 탄생 과정을 생각해 보십시오. 태아에게 생각이 있다면 아홉 달 동안 살던 엄마의 자궁이 세상의 전부라고 생각할 것이고 자궁에서 나가는 순간을 죽음이라고 생각할 것입니다. 그래서 태어나는 순간에 "으앙!" 하고 우는 것이 아닐까요? 그런데 죽음인 줄 알고 울었는데 눈을 떠 보니 오호라, 놀라운 세상에 태어난 것입니다.

마찬가지 아닐까요? 우리는 지금 우주라고 하는 거대한 자궁에서 살고 있는 것이 아닐까요? 죽음은 그 자궁에서 빠져나가 지금까지 살던 세상과는 비교할 수 없이 새로운 세상에 태어나는 것이 아닐까요? 바울 사도는 믿음으로써 이 진실을 믿었고 그래서 죽음을 환영했습니다. 죽음을 두려워하지 않고 담대하게 그리고 신실하게 살았습니다.

셋째, 죽음을 환영한다는 말은 모든 죽음이 하나님의 다스림 아래에 있다는 진실을 아는 것입니다. 우리는 어떤 죽음을 '호상'(好喪)이라고 부르고, 어떤 죽음을 '때 이른 죽음'이라고 부릅니다. "더 살 수 있었을 텐데…" 하고 안타까워합니다. 그래서 죽음 앞에서 사람들은 자주 "What if…?"라는 질문을 던집니다. 뭔가 달리 했더라면 더 오래 살 수 있지 않았을까 하고 아쉬워하는 것입니다.

저는 목사로서 그동안 수많은 죽음을 곁에서 지켜보는 특권을 부여받고 죽음을 봐 왔습니다. 저는 죽음들을 관찰하면서 죽는 사람이 부지불식간에 자신의 죽음을 예감하고 준비하는 것을 거듭 목격했습니다. 질병으로 서서히 죽어 가는 일은 흔하게 일어납니다. 그런데 때로는 사고로 갑작스럽게 죽은 사람도 나중에 돌아보면 자신이 갈 때를 예감하고 미리 준비했다는 사실을 확인하게 됩니다. 물론 자신도 모르는 사이에 그렇게 한 것이지요. 그럴 때면 과연 인간은 영적인 존재이며 죽고 사는 것은 우리의 인지를 넘어서는 신비라는 사실을 확인합니다. 또한 모든 죽음은 하나님의 다스림 아래에 있음을 깨닫습니다.

왜 어떤 사람은 일찍 부르시고, 어떤 사람은 늦게 부르시는지 저는 알지 못합니다. 왜 어떤 사람에게는 복된 죽음을 허락하시고, 어떤 사람에게는 아픈 죽음을 허락하시는지에 대해서도 저는 알지 못합니다. 하지만 분명한 것은 모든 죽음은 하나님의 다스림 아래에 있다는 것입니다. 때 이른 죽음과 고통스러운 죽음의 경우, 하나님이 그 죽음을 허락하셨다는 사실이 고통과 혼란을 더 가중시킵니다. "하나님이 어쩌면 이럴 수 있느냐?"고 따지게 만듭니다. 하지만 결국 우리는 하나님의 사랑과 섭리에 모든 것을 맡기고 의지할 수밖에 없습니다. 그렇게 할 때 비로소 평화를 얻을 수 있습니다.

몇 년 전에 이탈리아에서 일어난 지진으로 많은 이들이 속절없이 생명을 잃었습니다. 그 와중에 두 자매 이야기가 세계를 감동시켰습니다. 지진이 발생한 지 열여섯 시간 만에 폐허 더미

속에서 서로 부둥켜안은 자매를 찾아냈습니다. 아홉 살짜리 언니는 네 살짜리 동생을 껴안아 살리고 자신은 죽었습니다.

생사가 이렇게 갈립니다. 어떤 죽음은 너무도 쉽고 어떤 생명은 너무도 질깁니다. 그것을 어찌 설명할 수 있겠습니까? 하지만 우리는 그 모든 것이 하나님의 다스림 아래 있다고 믿습니다. 그러므로 위험 많고 사고 많은 이 세상에서 믿는 사람들은 담대히 살아갈 수 있습니다. 예수님이 말씀하신 대로, 참새 한 마리도 "아버지께서 허락하지 않으시면 땅에 떨어지지 않을"(마 10:29) 것이기 때문입니다.

이렇게 믿는 사람은 "혹시나 죽는 것은 아닐까?" 싶은 순간에도 흔들리지 않습니다. 죽는다면 하나님이 허락하신 것이니 걱정 없고, 하나님이 허락하지 않으신다면 날아오던 총알도 비껴갈 것임을 믿기 때문입니다.

성도의 죽음

시편 말씀 중에 죽음과 관계하여 잠시 생각해 볼 만한 말씀이 있습니다. 116편 15절 말씀입니다.

성도들의 죽음조차도 주님께서는 소중히 여기신다. (새번역)

그의 경건한 자들의 죽음은 여호와께서 보시기에 귀중한 것이로다. (개역개정)

하나님이 죽음을 소중히 여기신다? 놀랍지 않습니까? 우리는 모두 죽음을 혐오하지 않습니까? 태아는 모태에서 나오는 것을 죽음으로 혹은 불행으로 생각하여 "으앙!" 하고 울음을 터뜨리는데, 부모는 그 순간을 가장 소중히 여깁니다. 태아에게는 죽음처럼 보이는 것이 부모에게는 새로운 생명의 시작이기 때문입니다. 태아에게는 거부하고 싶은 사건이 부모에게는 가장 소중한 사건이 되는 것입니다. 그래서 그날을 항상 기억하고 축하하는 것 아닙니까?

마찬가지입니다. 우리는 이 세상밖에 보지 못합니다. 죽음이라는 터널을 지나면 무엇이 있을지 알지 못합니다. 그러니 죽음이 문제요 불행이요 절망으로 보입니다. 하지만 하나님은 우리가 보지 못하는 세상을 보십니다. 죽음이 끝이 아님을 아십니다. 그것은 새로운 세상의 탄생입니다. 그렇기에 죽음을 소중히 여기십니다.

믿음은 이 사실에 눈뜨는 것을 말합니다. 죽음을 피해야만 할 불행이 아니라 품어 안아야 할 신비로 알고 믿는 것입니다. 그래서 믿는 사람들은 죽음을 환영할 수 있습니다. 죽음을 환영할 정도의 믿음이 되면 살아가는 방법도 달라집니다. 이 땅에서의 삶에 집착하지 않으면서도 주어진 기간 동안 신실하게 살다가 때가 되었다고 느낄 때 찬송하며 주님 앞으로 나아갑니다.

제게는 중학교 때부터 가까이 지내고 있는 절친한 벗이 있습니다. 그 친구의 어머니는 믿음이 깊은 분입니다. 어려움 중에 있는 교인들을 돌아보는 일을 사명으로 알고 평생 주님을 섬긴

그분은 노년에 '근육이양증' 즉 근육이 서서히 사라지는 불치병에
걸리셨습니다. 그런 상황에서 "평생 하나님과 교회를 위해 섬긴
나에게 왜 이런 형벌을 내리십니까?"라고 불평할 만도 한데, 아무
불평 없이 그 고난을 받아안으시고, 운명하실 때까지 찬송과
기도로 사셨습니다.

    운명하시기 이틀 전, 고열과 함께 위기가 왔습니다. 자녀들은
어머니를 급히 응급실로 옮겼습니다. 다행히 열이 잡히고 안정이
되었습니다. 다음 날 집으로 돌아올 때 어머니가 며느리에게
그러더랍니다. "집에 돌아가면 이런 일이 또 생길 텐데, 더 이상
병원으로 데려오지 말아라. 내가 가는 날이 하루 늦어졌다."
그때까지는 그 말이 무슨 뜻인지 몰랐습니다.

    집에 도착하여 침상에 뉜 후 얼마 지나지 않아 어머니 말씀대로
전날과 같은 증상이 시작되었습니다. 자녀들은 어머니의 말씀에
순종했습니다. 때가 된 줄로 알고 성악가인 제 친구는 어머니
곁에서 찬송을 부르기 시작합니다. 그 어머니는 세상 누구보다
아들의 찬송을 좋아하셨습니다. 그때 근육 소실로 손가락 하나
움직이지 못하시던 분이 두 팔을 번쩍 올리십니다. 그런 채로
아들의 찬송을 들으십니다. 찬송을 다 마치자 어머니는 미소와
함께 아들에게 엄지손가락을 펴 보이십니다. 그러고는 한 시간
후에 주무시듯 운명하십니다.

    성도의 죽음은 이런 것입니다. 예수 그리스도의 은혜로 죄
사함을 받고 하나님의 자녀로 살아온 사람의 죽음은 패배도,
불행도, 문제도 아닙니다. 하나님은 그 순간을 소중히 여기십니다.

태아가 새 세상에 태어나는 것과 같이 복된 순간입니다. 부디, 우리 모두가 그런 믿음을 가질 수 있기 바랍니다. 그런 믿음으로 산다면 우리의 죽음이 어떤 모습, 어떤 형식으로 오든 감사하며 갈 것입니다.

　이것은 죽음을 위한 준비이기도 하지만 삶을 위한 준비이기도 합니다. 죽음에 대해 이런 시각을 가지고 신비로써 품을 준비를 한다면, 삶에 대한 우리의 태도는 달라질 것입니다. 이 세상 삶의 여정 중에 어떤 일이 다가오더라도 흔들리지 않고 대면할 수 있습니다.

묵상과 나눔을 위하여

1. 죽음의 고비에 서 본 일이 있습니까? 그때 당신의 믿음은 어떤 역할을 했습니까? 다시 죽음의 고비에 선다면 무엇이 달라질 것 같습니까?

2. 당신의 믿음은 죽음을 환영할 수 있게 만들어 주었습니까? 당신에게 더 자라야 할 믿음의 영역이 있다면 무엇입니까?

3. 성도다운 죽음을 맞기 위해 지금 당신에게 필요한 것은 무엇일까요?

10장

○

언 제 든
좋 아 !

메멘토 모리

헬라어에 '때' 혹은 '시간'을 뜻하는 두 개의 단어가 있다는 사실은 널리 알려져 있습니다. 하나는 '크로노스'입니다. 이것은 기계적 시간을 의미합니다. 달력과 시계로 측정할 수 있는 시간을 말합니다. 다른 하나는 '카이로스'입니다. 어떤 중요한 결단을 해야 하는 시간 혹은 오래도록 기다려 온 중요한 사건이 일어나는 시간을 가리킵니다. 우리 인생에서 시간(크로노스)을 잘 활용하고 잘 지키는 것은 중요한 일입니다만, 때(카이로스)를 분별하고 때에 맞게 행동하는 것은 더욱 중요합니다. 특히 죽음의 순간은 우리의 인생에 있어서 가장 중요한 카이로스입니다.

'메멘토 모리'(*Memento Mori*)라는 말을 들어 보셨을 것입니다.

'죽음을 생각하라'는 뜻의 라틴어입니다. 로마 군대가 전쟁에서 승리하고 돌아올 때면 목청 좋은 사람을 앞세워 "메멘토 모리!"라고 연신 소리치게 했다고 합니다. 전쟁에서 승리를 거둔 위대한 장군이라 해도 결국은 죽게 되어 있음을 기억하라는 뜻이었습니다. 죽음의 사실을 인정하고 그때를 대비하라는 뜻입니다.

고대 교회에서는 죽음을 자주 생각하는 것을 영적 생활의 중요한 요소라고 생각했습니다. 그것이 지나쳐서 하나님이 인생에 부여하신 기쁨을 질식시킬 정도가 되면 문제겠지만, 그렇지만 않다면 매우 유익한 영적 훈련입니다.

중세기에 작곡된 수많은 '장엄미사곡'은 실제 장례식에서 사용되기도 했지만 죽음을 생각하며 자신을 돌아보는 영적 훈련의 도구이기도 했습니다. '메멘토 모리'를 위한 음악이라 할 수 있지요. 노랫말 중 일부를 소개하면 이렇습니다.

> Life is short, and shortly it will end;
> Death comes quickly and respects no one,
> Death destroys everything and takes pity on no one.
> To death we are hastening, let us refrain from sinning.

> 인생은 짧고, 빨리 끝이 난다.
> 죽음은 신속히 오고 아무도 차별하지 않는다.
> 모든 것을 파괴하는 죽음은 아무도 동정하지 않는다.

우리는 죽음을 향해 서둘러 가고 있다.

그러니 죄 짓지 말자.

If you do not turn back and become like a child,

And change your life for the better,

You will not be able to enter, blessed, the Kingdom of God.

To death we are hastening, let us refrain from sinning.

가던 길에서 돌이켜 어린아이와 같아지고

너의 삶을 더 낫게 변화시키지 않으면

복된 하나님 나라에 들어갈 수 없으리.

우리는 죽음을 향해 서둘러 가고 있다.

그러니 죄 짓지 말자.

때에 알맞게

구약성경의 전도서는 "다윗의 아들 예루살렘 왕 전도자"(1:1)가 썼다고 합니다. 그 전도자는 솔로몬일 것이라고 추측합니다. 그는 한때 위대한 일을 이루기 위해 몸부림치기도 했고 많은 것을 이루기도 했습니다. 젊은 날에는 그로 말미암아 자부심도 가져 보았습니다. 인간의 본성이 그렇듯, 그는 성공과 성취에 도취되어 하나님의 자리에 서기도 했습니다. 하지만 세월은 권력자라고 해서 비껴가지 않았습니다. 결국 그도 노인이 되었고 자신의 연약함을 직면해야 했습니다.

자신에 대한 믿음이 약해지자 그는 하나님을 신뢰하는 삶이 뭔지, 인생의 의미와 보람이 뭔지 그리고 어떤 삶이 지혜로운 것인지를 알 것 같았습니다. 그는 지난 인생에 대한 반성과 회개와 성찰과 고백을 담아 이 글을 썼고, 나중에 성경으로 인정받았습니다. 성령님이 그의 회고담을 통해 진리를 말하고 계시다는 사실이 분명했기 때문입니다.

그래서 전도서는 인생의 연륜이 쌓인 후에야 공감할 수 있는 진리들을 담고 있습니다. 신학교에서 만난 어느 교수님의 이야기가 생각납니다. 그분의 할아버님이 돌아가시기 전에 오랫동안 병석에 누워 계셨다지요. 그때 그 교수님은 초등학생이었는데, 학교에 다녀오면 병석에 누우신 할아버지가 부르셔서 전도서를 읽어 달라고 하셨습니다. 어린 소년은 뜻도 모르는 채로 할아버지를 위해 전도서를 여러 번 읽었습니다. 그분은 어릴 때 '애늙은이'라는 소리를 자주 들었는데, 할아버지를 위해 읽은 전도서가 자신에게 영향을 끼친 것이 아닌가 싶다고 하셨습니다.

팝송을 좋아하는 분들은 1965년에 더 버즈(The Byrds)라는 록 밴드가 히트시킨 "Turn, Turn, Turn"이라는 노래를 잘 아실 것입니다. 나중에 「타임」(Time)지에서 이 노래를 광고에 사용해서 더 많이 알려졌습니다. 그 노랫말은 전도서 3장의 말씀에서 나왔습니다. 누가 읽어도 쉽게 공감할 만하지요. 전도자는 '때에 관한 묵상'을 이렇게 시작합니다.

모든 일에는 다 때가 있다. 세상에서 일어나는 일마다 알맞은 때가 있다. (1절)

여기서 전도자는 두 종류의 '때'를 말합니다. 우리말로는 구분할 단어가 마땅치 않은데, 영어로는 구분이 됩니다. 하나는 'Time' 즉 '때'입니다. "이젠 떠날 때가 되었어"라고 말하는 경우에 사용하지요. 그때를 놓치면 일을 그르칩니다. 다른 하나는 'Season'입니다. "요즘이 세일 시즌이야" 혹은 "요즘이 포도 시즌이야"라고 말하는 경우를 가리킵니다. 어떤 일에는 특별한 때가 있고, 따라서 그때를 기다리는 것이 중요합니다. 그런 경우를 가리켜 "때를 잡는다"고 말합니다.

그런 다음, 전도자는 서로 상반되는 행동을 열네 쌍으로 묶어 나열합니다. 조금 길지만 전체를 인용해 봅니다.

세상에서 일어나는 일마다 알맞은 때가 있다. 태어날 때가 있고, 죽을 때가 있다. 심을 때가 있고, 뽑을 때가 있다. 죽일 때가 있고, 살릴 때가 있다. 허물 때가 있고, 세울 때가 있다. 울 때가 있고, 웃을 때가 있다. 통곡할 때가 있고, 기뻐 춤출 때가 있다. 돌을 흩어 버릴 때가 있고, 모아들일 때가 있다. 껴안을 때가 있고, 껴안는 것을 삼갈 때가 있다. 찾아나설 때가 있고, 포기할 때가 있다. 간직할 때가 있고, 버릴 때가 있다. 찢을 때가 있고, 꿰맬 때가 있다. 말하지 않을 때가 있고, 말할 때가 있다. 사랑할 때가 있고, 미워할 때가 있다. 전쟁을 치를 때가 있고, 평화를 누릴 때가 있다. (2-8절)

이 말씀에는 "때가 있다"는 말이 모두 스물여덟 번 나옵니다. 완전수 일곱의 네 배입니다. 여기서 전도자는 인생에서 일어날 수 있는 모든 때를 망라하고 싶었던 것입니다. 이 항목을 더 늘릴 수는 있지만 완전수 일곱의 네 배를 나열했으니 그것으로 충분합니다. 독자는 "때가 있다"는 말을 스물여덟 번 읽으면서 혹은 들으면서 마음 깊이 그 메시지를 새기게 됩니다.

이 본문의 메시지를 한마디로 요약하면 "인생은 타이밍이다"라는 것입니다. 이 말에는 두 가지 뜻이 있습니다.

첫째는 '때를 만나는' 혹은 '때를 타는' 것을 말합니다. '시대가 영웅을 만든다'는 말이 있지요. 보통 사람도 시대를 잘 만나면 영웅 역할을 한다는 뜻입니다. 좋은 때 혹은 좋은 기회를 만나야 한다는 뜻입니다.

저는 한국 현대사에서 하나의 현상이 된 '58년생 개띠'입니다. 베이비 붐 시대의 절정에 태어난 58년생은 개떼처럼 몰려다니며 지난 한 세대를 주도했습니다. 58년에 출생률이 유독 높기도 했지만, 박정희 대통령의 아들이 58년 개띠라는 것도 중요한 요인이었다는 풍문이 있습니다. 그래서 그랬는지 58년 개띠가 몰려가면 닫혔던 문이 열리고 막혔던 길이 뚫렸습니다. 그 개떼가 이제 환갑을 지났습니다. 믿기지 않는 일입니다.

58년 개띠의 한 사람으로서 저는 좋은 타이밍에 태어났다고 생각하며 감사하고 삽니다. 저희도 다른 세대만큼이나 우여곡절을 겪었고 고생했지만, 꿈을 품을 수 있었고, 그 꿈을 위해 분투할 수 있었고, 분투에 대한 어느 정도의 보상도 받을 수 있었습니다. 인류 역사상 일생 동안 저희처럼 전쟁을 겪지 않고 산 세대가 많지 않습니다. 앞으로 역사가 어떻게 전개될지 모르지만, 저는 가장 복된 시대를 살았다고 생각합니다.

지금 제 또래들을 '낀 세대'라고 부릅니다. 사회적으로는 위로는 4·19세대가 누르고 아래에서는 386세대(지금은 그들이 나이 들어 586세대가 되었습니다)가 치고 올라와 그 사이에 끼었고, 가정적으로는 위로 노쇠하여 모셔야 하는 부모님과 아래에 경제적으로 자립하지 못한 자녀들 사이에 끼었습니다. 부모님에게 말대꾸 한번 못하며 살다가 이제는 자식들에게 큰소리치며 살 때가 되었는데, 시대가 바뀌어 자식들 눈치를 보아야 하는 상황에 이르렀습니다. 그 때문에 경제적으로도 어렵고 심적으로도 괴롭습니다. 그럼에도 저는 복된 시대를 살았다고 생각합니다.

당신은 어떤가요? 당신도 나름의 이유로 당신 인생의 타이밍에 대해 감사할 수 있기 바랍니다. 사실, 그것은 우리 개인이 어찌할 수 없는 일입니다. 우리가 선택한 것이 아니기 때문이지요. 그렇기에 우리는 그 타이밍에 대해 불평할 것이 아니라 그것을 우리에게 유익하게 만들어야 합니다.

태어나는 것이 그렇다면, 죽는 것은 어떨까요? 죽음 역시 우리가 결정할 수 없습니다. 우리 대다수는 죽음을 선택하는 것이 아니라 선택당합니다. 어떤 분들의 죽음은 우리가 볼 때 좋은 타이밍이고, 어떤 죽음은 최악의 타이밍처럼 보입니다. 나이가 들면 부부간에 누가 먼저 가는 것이 좋을지 말하곤

하는데, 그것을 결정할 수 있다면 얼마나 좋겠습니까? 다만, 죽는 타이밍도 적절하기를 혹은 적절한 것으로 받아들이시기를 기도할 따름입니다.

미래는 하나님의 땅

태어나고 죽는 것만이 아닙니다. 어떤 사람은 잘한 것 하나 없는데 좋은 기회를 만나는가 하면, 아무리 노력해도 기회를 얻지 못하는 인생도 있습니다. 당신은 개인의 노력만으로 지금 있는 그 자리에 왔다고 생각합니까? 오해입니다. 당신이 선택하지 못했거나 선택하지 않은 좋은 기회가 찾아왔기에 오늘 그 자리에 있게 된 것입니다. 반대로, 혹시 지금 어려움 중에 있다면 그것을 모두 자신의 탓으로 돌리지 말기 바랍니다. 한 개인이 아무리 힘쓰고 노력해도 상황 때문에 어찌할 수 없는 경우가 얼마나 많습니까?

이렇게 보면, 좋은 타이밍을 얻는 것이 참 중요합니다. 그것을 흔히 "때를 얻었다" 혹은 "운때가 좋다"고 말합니다. 자신이 원하는 뭔가를 얻을 만한 상황을 받은 것입니다. 본인은 별로 애쓰지 않았는데 일이 척척 풀리는 것은 좋은 때를 만났기 때문입니다. 반대로 전심전력하는데도 때가 맞지 않아 일이 풀리지 않는 경우도 있습니다.

그러니 이를 어쩝니까? 우리 자신의 노력보다는 우리가 처한 시대와 상황이 우리 인생의 방향에 더 큰 영향을 준다면, 우리는 이 타이밍에 대해 무엇을 어찌해야 하겠습니까?

이런 생각을 하다 보면 불안해지고 절박해집니다. 그 절박감이 여러 종류의 미신에 호소하게 만드는 요인입니다. 사주를 보고 관상을 보는 것, 새해가 되면 토정비결을 보는 것, 신문에서 '오늘의 운세'를 살펴보는 것 혹은 점집에 가서 운세를 알아보고 부적을 사는 것은 모두 그 때문입니다. 자신의 능력으로는 어찌할 수 없는 거대한 운명의 손을 어떻게든 움직여 보려는 것입니다. 혹은 그 손의 움직임을 미리 알아보아 그것에 자신을 맞추고 싶어 합니다.

안타깝게도, 예수 그리스도를 믿는 이들 중에도 점 보는 일을 아무렇지도 않게 생각하는 사람들이 있습니다. 예수 그리스도를 믿는다는 말은 우주의 운행과 인류의 역사와 개인의 삶을 다스리는 분이 하나님이시라고 믿는 것입니다. 그렇다면 점 따위에 눈길을 줄 이유가 없습니다. 그것은 하나님의 통치를 전적으로 믿지 못한다는 뜻이 됩니다. 그것은 하나님에 대한 불신앙입니다. 장난으로라도 하지 말아야 할 일입니다.

때로 점쟁이들은 과거를 알아맞히고 미래를 내다보는 신통한 능력을 발휘합니다. 그런 현상 앞에서 어쩌지 못하고 항복하는 사람들이 많습니다. 그것은 하나님에 대한 믿음을 버리고 악한 영의 노예가 되게 하려는 속임수입니다. 악한 영이 과거를 알아보게 하고 미래를 내다보게 한다 해도 우주의 운행과 인류의 역사와 개인의 삶을 다스리고 주관하는 분은 하나님이십니다. 그 믿음 위에 분명히 서야 합니다.

중요한 것은 미래를 내다보는 능력이 아니라 미래를 다스리는 분의 능력 안에 머물러 사는 것입니다. 미래의 일을 미리 알아보려 하지 마십시오. 그 대신 미래를 다스리시는 하나님의 손에 머물러 사십시오. 미래를 그분께 맡기고 그분과 함께 걸어가십시오. 그러면 하나님이 그분의 그림을 그려 가실 것입니다. 전도자가 3장 11절에서 덧붙인 말씀의 의미가 그것입니다.

> 하나님은 모든 것이 제때에 알맞게 일어나도록 만드셨다. 더욱이, 하나님은 사람들에게 과거와 미래를 생각하는 감각을 주셨다. 그러나 사람은, 하나님이 하신 일을 처음부터 끝까지 다 깨닫지는 못하게 하셨다. (새번역)

> 하나님이 모든 것을 지으시되 때를 따라 아름답게 하셨고 또 사람들에게는 영원을 사모하는 마음을 주셨느니라. 그러나 하나님이 하시는 일의 시종을 사람으로 측량할 수 없게 하셨도다. (개역개정)

같은 본문인데 번역이 꽤 다르지요? 구약성경의 히브리어 단어의 의미와 구문 구조가 아직 다 밝혀지지 않았기 때문입니다. 하지만 대체적인 의미는 같다고 할 수 있습니다. 이 한 구절은 하나님에 대해 알아야 할 모든 것 그리고 믿어야 할 모든 것을 요약해 놓았다고 할 수 있습니다. 우주의 운행과 인류의 역사와 개인의 삶을 다스리는 분은 하나님이십니다. 그 하나님이 우주의 운행과 인류의 역사와 각 개인의 삶을 엮어 각 개인에게 가장 맞는 타이밍을 만들어 주십니다. 그것을 하나님의 '섭리'라고 부릅니다. 그 타이밍에 맞추어 살아갈 때 그 인생은 가장 아름답습니다.

하나님은 인간에게 "영원을 사모하는 마음" 혹은 "과거와 미래를 생각하는 감각"을 주셨습니다. 그것이 인간이면 누구에게나 있는 종교성의 이유입니다. 그로 말미암아 인간은 누구나 하나님을 찾게 되고 하나님을 향하게 됩니다. 하지만 하나님이 하시는 일을 미리 다 알 수는 없습니다. 인간과 하나님 사이의 차이가 너무도 커서 감히 알 수가 없습니다. 어린 자녀가 아버지의 생각을 다 알지 못하는 것이 사실이라면, 하나님과 인간 사이의 차이는 얼마나 더 크겠습니까?

그렇기에 미래의 일을 알아내려고 노력할 것이 아니라 미래를 다스리시고 또한 모든 것을 때에 맞게 다스리시는 하나님의 손길에 우리 자신을 맡기고 살아가야 한다는 것입니다. 그분 안에 있는 한 우리에게 일어나는 모든 일은 때 이른 것도 아니고 때늦은 것도 아니라 제때에 가장 아름다운 일들이 됩니다. 그분 안에 머물러 사는 사람에게는 모든 때가 좋은 때이고 보는 일이 좋은 일입니다.

영적 분별력

둘째, '인생은 타이밍이다'라고 할 때 이는 우리 자신이 선택하고 행동하는 시간을 가리키기도 합니다. 앞의 타이밍은 내가 어찌할 수 없는 상황이나 여건을 가리키는 반면, 여기서 말하는 타이밍은 내가 선택하는 행동을 가리킵니다. 내가 처한 상황이나 여건도 내 인생에 큰 영향을 미치지만, 내가 선택하는 결정 또한 내 인생에 중대한 영향을 미칩니다. 인생은 크고 작은 선택이 쌓여 만들어진다고 하지요. 그 선택에 있어서 가장 중요한 요인이 타이밍입니다. 때에 맞는 행동을 해야 하는 것입니다.

존 스토트(John Stott)는 20세기 기독교 세계에 가장 큰 영향을 미친 인물 중 한 분입니다. 신학자요 사상가이며 좋은 목회자였던 그는 2011년 90세를 일기로 소천하기까지 수많은 글과 설교를 통해 국제적으로 선한 영향력을 끼쳤습니다.

그분은 나이가 들면서 속으로 다짐했다고 합니다. 건강이 허락하여 오래 살게 되면 늦어도 85세에 모든 공적 활동을 접겠다고 말입니다. 그 다짐대로 그분은 86세가 되자 모든 공적 활동을 접습니다. 전 세계적으로 활동하던 분이 스스로 자신을 은퇴시키는 것은 쉬운 일이 아닙니다. 은퇴 선언을 한 후에도 많은 이들이 찾아가 한 말씀만 해 달라고, 혹은 글 한 꼭지만 써 달라고 부탁했을 것입니다. 그 모든 청을 거절하고 5년 동안의 침묵 후에 그분은 하나님 품에 안겼습니다. 때를 분별하고 그때에 맞게 결단한 것을 보면 그분은 진실로 믿음대로 살았던 것입니다.

때를 분별하고 때에 맞게 행동하기에 제일 어려운 영역이 '말할 때'와 '침묵할 때'를 분별하는 것입니다. 야고보 사도가 "사람의 혀를 길들일 수 있는 사람은 아무도 없습니다"(약 3:8)라고 말했을 만큼, 혀는 우리의 지체 중 가장 연약하지만 우리 인생 전체를 태우는 불이 될 수도 있습니다. 그래서 잠언은 "함부로 말하는 사람의 말은 비수 같아도, 지혜로운 사람의 말은 아픈 곳을 낫게 하는 약"(잠 12:18)이라고 했습니다. 동일한 혀가 사람을 죽일 수도 있고 살릴 수도 있다는 것입니다. 그렇기에 말할 때와 침묵할 때를 분별해야 하고, 말을 해야 한다면 죽이는 말이 아니라 살리는 말을 하도록 힘써야 합니다.

이것이 쉽지 않습니다. 우리의 죄성 때문에 혀를 풀어놓으면 살리는 말보다 죽이는 말을 하기가 더 쉽습니다. 또한 우리는 모두 말에 허기가 져 있습니다. 다른 사람의 말을 들어 주려는 배려와 인내심은 부족하고 자신의 말을 하고 싶은 욕망은 강력합니다. 입을 열면 분별없이 말이 쏟아져 나옵니다. 그러다 보면 하지 말아야 할 말까지 하게 됩니다. 정도의 차이가 있을 뿐 여기서 예외인 사람은 아무도 없습니다.

그래서 다윗은 자신의 마음에서 분노가 치밀 때 "나의 입에 재갈을 물려야지"(시 39:1)라고 다짐했고, 하나님께 기도하면서 "내 입술 언저리에 파수꾼을 세우시고, 내 입 앞에는 문지기를 세워 주십시오"(시 141:3)라고 간구했습니다. 우리말에도 '삼사일언'(三思一言)이라는 말이 있습니다. 말하기에 앞서 세 번 생각하라는 뜻입니다.

당신의 삶을 돌아보기 바랍니다. 가장 분별하기 어려운 때는 어떤 때였습니까? 당신이 반복적으로 일을 그르치는 때는 어떤 때입니까? 매사에 때를 분별하고 또한 때에 맞게 행동하려고 노력합니까? 아니면 그냥 충동적으로, 내키는 대로, 끌리는 대로 말하고 행동합니까? 믿음이 성숙한다는 말은 분별력과 배려심이 커진다는 뜻이고 사려가 깊어진다는 뜻입니다. 믿음이 성숙해지기 위해 때를 분별하는 것이 그토록 중요합니다.

죽음도 아름답다

마지막으로 한 가지 더 주목할 것이 있습니다. 전도자의 묵상에서 서로 대조되는 열네 쌍의 항목을 보면, 그중 하나는 우리가 좋아하는 것이고 다른 하나는 좋아하지 않는 것입니다. 태어나는 것, 심는 것, 살리는 것, 세우는 것, 웃는 것, 기뻐 춤추는 것 등은 우리가 좋아하는 것, 원하는 것입니다. 반면, 죽는 것, 뽑는 것, 죽이는 것, 허무는 것, 우는 것, 통곡하는 것 등은 모두 좋아하지 않는 것, 원하지 않는 것입니다. 그런 때가 오지 않기를 바랍니다. 하지만 전도자는 무심하게 말합니다. 인생 여정에 그럴 때도 있다고! 원치 않는 일이 일어나기도 한다고! 그것을 피하고 사는 길은 없다고!

너무도 당연한 사실인데, 우리는 그것을 무시하려 하고 부정하려 합니다. 늘 좋은 일만, 늘 좋은 때만 있을 수 없습니다. 좋은 일만 있는 것이 언제나 좋은 것이 아닙니다. 우리는 밝은 날을 좋아하지만, 늘 날씨가 좋으면 머지않아 사막이 되어 버립니다. 비가 오는 날도 있어야 하고 눈이 오는 날도 있어야 합니다. 우리는 늘 웃기를 바라지만 늘 웃다 보면 정신 나간 사람이 됩니다. 울어야 할 때도 있습니다. 하나님이 인생을 그렇게 만들어 놓으셨습니다. 아픈 것도, 허무는 것도, 찢는 것도 인생의 일부입니다. 그것을 받아들이고 그것에 맞추어 살아가는 것이 아름다운 인생입니다.

하나님은 우리 인생 여정에 좋은 것만 두시지 않으십니다. 하나님 앞에 나오는 사람이라면 때로 아픈 것, 때로 실패하는 것, 때로 우는 것, 때로 허무는 것 그리고 때로 죽는 것을 당연하게 받아들여야 합니다. 정말 좋은 것은 하나님이 때에 맞게 허락하시는 것을 받아들이는 것입니다. 하나님 안에 머무는 사람에게는 모든 일이 좋은 일이고 언제나 좋은 때입니다. 병드는 것도, 아픈 것도, 우는 것도 그리고 죽는 것도 하나님 안에 있는 사람에게는 좋은 일입니다.

물론, 이것은 말처럼 쉽지가 않습니다. 아픈 것, 실패하는 것, 우는 것 그리고 죽는 것은 결코 쉽게 당해 낼 수 없습니다. 고통이 클수록 그것을 당해 낼 만한 믿음이 필요합니다. 건강하고 평안할 때 우리가 쌓는 믿음은 병이 들거나 환난을 겪을 때 혹은 죽음을 당할 때 필요한 영적 자원을 준비하는 것과 같습니다. 그런 믿음이 있어야만 평안한 마음으로 죽음의 때를 분별하며 자신을 준비할 수 있습니다.

20세기 최고의 설교자로 존경받았던 마틴 로이드 존스(Martyn Lloyd-Jones)가 죽음을 준비하고 있을 때 그의 전기 작가와 나눈 대화가 기억납니다. 전기 작가 이안 머레이(Iain H. Murray)는 일생 동안 별 믿음 없는 사람처럼 보이던 어떤 사람이 죽을 때 영광스러운 모습으로 떠났다는 이야기를 전해 주었습니다. 그러자 로이드 존스 목사는 자신도 그렇게 죽고 싶다고 말하면서 이렇게 덧붙입니다. "죽음을 과소평가하지 마세요! 죽음(한 음절 한 음절을 강조하며)은 '마지막 원수'입니다. 생전에 잘 살던 사람도 죽을 때 의기양양하게 죽지 못할 수도 있습니다"(『마틴 로이드 존스』, 복있는사람, 726쪽).

한창 설교 사역을 하는 동안에도 로이드 존스 목사는 죽음처럼 모든 사람에게 확실한 것이 또 없는데 사람들은 죽음에 대해 생각하기를 싫어한다고, 그래서 죽음에 대해 준비되어 있는 사람이 별로 없는 것이라고 말하곤 했습니다. 그는 자신이 설교한 대로 살기를 힘썼던 사람입니다. 여든이 넘어 폐렴으로 말미암아 죽음이 다가오고 있음을 예감한 그는 조용히 죽음을 준비했습니다. 이 시기에 그를 방문했던 사람들은 쇠락한 육신에서 발산되는 광채를 느끼곤 했다고 증언합니다. 그가 설교 사역을 할 때보다 더 깊이, 더 많이 기도했기 때문입니다.

그는 운명하기 며칠 전에 의사에게 항생제 투여를 하지 말아 달라고 부탁했고, 간병하던 아내와 딸에게는 "치유를 위해 기도하지 말아요. 내가 영광에 들어가는 것을 가로막지 말아요"라고 부탁했습니다. 그는 그렇게 의기양양하게 죽음의 문턱을 향해 걸어갔습니다.

이런 죽음은 비록 아프지만 아름답습니다. 비록 슬프지만 감사가 있습니다. 믿음이 어떤 것인지를 증명하고, 인간이 진정 영적 존재라는 사실을 드러냅니다. 그는 그의 평생에 선포한 탁월한 설교들만큼이나 마지막 죽음의 과정을 통해서도 하나님의 영광과 진리를 드러냈습니다.

몇 년 전, SNS를 뜨겁게 달군 글이 있습니다. 광주에 살던 78세 여성이 난소암으로 1년 정도 투병하다가 세상을 떠났습니다. 그분에게는 3남 1녀의 자녀들이 있었습니다. 그들은 어머니의 유품을 정리하던 중에 어머니가 돌아가시기 전에 써서 숨겨 놓은 유서를 발견했습니다. 그 유서의 내용은 이렇습니다.

자네들이 내 자식이었음이 고마웠네

자네들이 나를 돌보아 줌이 고마웠네
자네들이 세상에 태어나 나를 어미라 불러 주고,
젖 물려 배부르면 나를 바라본 눈길에 참 행복했다네
지아비 잃어 세상 무너져
험한 세상 속을 버틸 수 있게 해 줌도 자네들이었네

병들어 하느님이 부르실 때
곱게 갈 수 있게 곁에 있어 줘서 참말로 고맙네

자네들이 있어서 잘 살았네
자네들이 있어서 열심히 살았네

딸아이야 맏며느리, 맏딸 노릇 버거웠지?
큰애야…맏이 노릇 하느라 힘들었지?
둘째야…일찍 어미 곁 떠나 홀로 서느라 힘들었지?
막내야…어미젖이 시원치 않음에도 공부하느라 힘들었지?

고맙다. 사랑한다. 그리고 다음에 만나자

이별은 아픕니다. 사별은 더욱 아픕니다. 하지만 이런 이별이라면 어떻습니까? 하나님 안에서는 사별도 이렇게 아름다울 수 있습니다. 이 글을 읽으면서 마치 내 어머니의 말씀인 양 느끼고 눈물 훔치는 당신의 모습은 또한 얼마나 아름답습니까?

웃어야만 행복한 것 아니고, 춤춰야만 즐거운 것이 아닙니다. 때에 맞는 아픔, 때에 맞는 슬픔 그리고 때에 맞는 죽음도 아름답습니다. 하나님이 모든 것을 제때에 아름답게 만드셨기 때문입니다. 그때에 맞추어 자신을 순응시키는 삶은 믿음의 절정이라 할 수 있습니다.

묵상과 나눔을 위하여

1. 당신은 어떤 때를 타고났다고 생각합니까? 좋은 때를 타고났다면 왜 그렇게 생각합니까? 불행한 때를 만났다면 또 어떤 점에서 그렇게 생각합니까?

2. 당신은 때를 분별하며 살고 있습니까? 때를 분별하여 일을 그르쳤던 일이 있었는지 생각해 보십시오. 때를 제대로 분별했던 경험이 있다면 생각해 보십시오.

3. 하나님의 보이지 않는 손길을 분별하며 그때에 맞게 살아가는 순응적인 삶을 살려면 무엇이 필요할까요?

나가는 글

당신은 인생 여정의 어느 단계에 이르러 있습니까? 당신은 요즘 어떤 문제 혹은 어떤 어려움을 겪고 있습니까? 지금 이 시점에서 이 책이 당신에게 어떤 의미가 되었습니까?

이 책으로 말미암아 조금이라도 도움을 얻으셨다면, 그것은 성령님이 주시는 은혜입니다. 별 도움을 찾을 수 없었다면 그것은 전적으로 제가 부족한 탓입니다.

마지막으로 당신께 드리고 싶은 말은 이것입니다. 삶은 우리에게 주어진 신비입니다. 마지막 숨을 쉴 때까지 그 신비를 품고 그 신비를 살아가십시다.

당신이 지금 어떤 상황에 있다 해도 여전히 살아야 할 이유가 있습니다. 이를 악물고 버티라는 뜻이 아닙니다. 하나님 나라에 눈뜨고 그 나라를 이 땅에서 사는 비밀을 터득하라는 뜻입니다. 그럴 때면 어떤 상황에서도 신명 나게 살아갈 수 있습니다. 그렇게 되면 인생은 매일이 신비이고 또한 기적임을 알게 됩니다. 그렇게 이 땅에서 신비를 살고 기적을 누리다가 하나님 나라에 이르고 마침내 새 하늘과 새 땅에서 발견되는 것이 믿음의 길입니다.

어떤 상황에 있더라도 삶은 축복이고 일상은 기적입니다. 삶을 저주로, 일상을 무덤으로 느끼게 만드는 모든 세력에 저항하십시오. 그리고 매일 당신 앞에 펼쳐지는 기적과 신비에 눈뜨십시오. 상처와 아픔과 고난과 죽음은 이상한 것이 아니라 자연스러운 것이고 또한 당연한 것입니다. 그것들이 우리의 소풍을 망치지 않게 해야 합니다. 소풍이 끝나고 집에 돌아가는 날까지 즐겁게, 신나게 놀고 즐겨야 합니다. 나만이 아니라 소풍을 나온 모두가 즐길 수 있도록 도와야 합니다.

부디, 당신께 이 은혜와 축복이 있기를 기도합니다. 그것이 우리 시대의 아픔의 문제를 극복하고 초월하며 변모시키는 진정한 힘이기 때문입니다. 저 자신도 이 믿음으로 마지막 숨 다하는 날까지 살기를 기도합니다.

하루의 은총

내겐
어제 같은 오늘

누군가는
새 생명을 얻고
온 세상을 다 얻은 것같이
기뻐할 것이고

누군가는
한 생명을 잃고
세상을 다 잃은 것같이
슬퍼할 것이고

누군가는
모든 것을 내려놓고
떠났겠다

그러니 이 하루를
범상히 보내는 것은
이날을 주신 분께 대한
모독이겠다

부디, 하루하루
새로운 은총에
깨어나기를!

가만히 위로하는 마음으로

초판 발행 2019년 10월 21일
초판 6쇄 2025년 2월 5일

지은이 김영봉
펴낸이 정모세

편집 이종연 이성민 이혜영 심혜인 설요한 양지영 박예찬
디자인 한현아 서린나 | 마케팅 오인표 | 영업·제작 정성운 이은주 조수영
경영지원 이혜선 이은희 | 물류 박세율 김대훈 정용탁

펴낸곳 한국기독학생회출판부 | 등록번호 제2001-000198호(1978.6.1)
주소 04031 서울시 마포구 동교로 156-10
대표 전화 (02) 337-2257 | 팩스 (02) 337-2258
영업 전화 (02) 338-2282 | 팩스 080-915-1515
홈페이지 http://www.ivp.co.kr | 이메일 ivp@ivp.co.kr
ISBN 978-89-328-1720-0

ⓒ 김영봉 2019

책값은 뒤표지에 있습니다.
무단 전재와 복제를 금합니다.